3º ano

Rogério G. Nigro
Doutor em Ensino de Ciências e Matemática pela
Faculdade de Educação da Universidade de São Paulo (USP).
Mestre em Biologia pelo Instituto de Biociências da USP.
Pesquisador em ensino e aprendizagem de Ciências.
Ex-professor na rede particular de Ensino Fundamental e Médio.
Assessor de escolas na rede particular de Ensino Fundamental e Médio.

editora ática

Diretoria editorial: Lidiane Vivaldini Olo
Editoria de Ciências e Biologia: José Roberto Miney
Editoras assistentes: Regina Melo Garcia e Daniella Drusian Gomes
Supervisor de arte e produção: Sérgio Yutaka
Editora de arte: Tomiko Chiyo Suguita
Diagramação: Allmaps, Casa de Tipos e Letícia Lavôr
Supervisor de arte e criação: Didier Moraes
Design gráfico: Didier Moraes (capa) e Rafael Vianna Leal (miolo)
Gerente de revisão: Hélia de Jesus Gonsaga
Equipe de revisão: Rosângela Muricy (coord.),
Ana Curci, Luís Maurício Boa Nova
e Vanessa de Paula Santos; Flávia Venézio dos Santos (estag.)
Supervisor de iconografia: Sílvio Kligin
Pesquisa iconográfica: Denise Durand Kremer,
Josiane Laurentino, Roberta Freire Lacerda Santos e
Claudia Cristina Balista (assist.)
Tratamento de imagem: Cesar Wolf e Fernanda Crevin
Ilustração da capa: ideariolab
Ilustrações: HQZart, Léo Fanelli, Bruna Ishihara,
Daniel das Neves e Lúcia Hiratsuka

Título original da obra: *Ápis Ciências* – 3º ano
Copyright: © Rogério Gonçalves Nigro

Direitos desta edição cedidos à Editora Ática S.A.
Av. das Nações Unidas, 7221, 3º andar, setor C
Pinheiros – São Paulo – SP – CEP 05425-902
Tel.: 4003-3061
www.atica.com.br/editora@atica.com.br

Dados Internacionais de Catalogação na Publicação (CIP)
(Câmara Brasileira do Livro, SP, Brasil)

Nigro, Rogério Gonçalves
  Projeto Ápis: ciências / Rogério Gonçalves Nigro. –
2. ed. – São Paulo : Ática, 2014.
  Obra em 5 v. do 1º ao 5º ano.

  1. Ciências (Ensino fundamental) I. Título.

14–05102   CDD–372.35

Índice para catálogo sistemático:
1. Ciências : Ensino fundamental   372.35

2014
ISBN 978 85 08 16717-3 (AL)
ISBN 978 85 08 16718-0 (PR)
Código da obra CL 738764
CAE 506443 (AL)
CAE 506444 (PR)
2ª edição
2ª impressão

Impressão e acabamento Brasilform Editora e Ind. Gráfica

Apresentação

Se procurar bem, você acaba encontrando: um bichinho no jardim, uma espinha de peixe no prato, uma semente brotando na terra.

E, enquanto você procura, este livro pergunta: como é o tatuzinho? Qual é a diferença entre ele e um peixe? Por que, quando você caminha, a sua sombra o acompanha? Você já comeu salada de flores? O que são as bolhinhas do refrigerante?

Nas páginas deste livro você vai experimentar, propor soluções, arriscar.

Se procurar bem, vai descobrir que não há respostas definitivas. Mas a poesia da vida, essa certamente você vai acabar encontrando.

Então, vamos procurar?

O autor

Conheça seu livro

Unidades
Este livro é dividido em quatro unidades, identificadas pelo número e título correspondentes.

 Este ícone indica Objetos Educacionais Digitais (OEDs) relacionados aos conteúdos do livro. Acesse: www.projetoapis.com.br.

Capítulos
São 12 capítulos no total. Cada um deles é como uma história, com início, desenvolvimento e uma finalização, na forma de atividades.

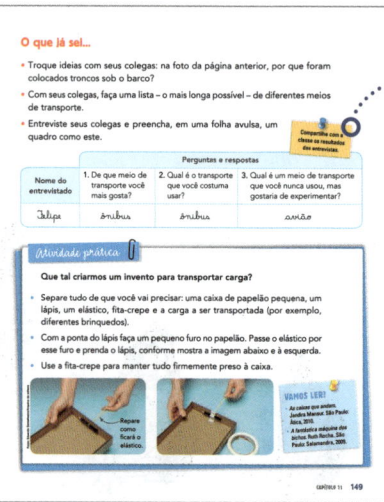

O que já sei...
Aqui você conversa com os colegas sobre o que será estudado e dá a sua opinião sobre os temas. Queremos ouvir o que você tem a dizer!

Atividade prática
Aqui você põe em prática a atividade proposta e se diverte com os colegas.

Este **bilhete** sempre traz um recado especial para você.

Vamos ler?
Procure na biblioteca da escola os livros indicados. Pesquise também os *sites* sugeridos.

Hora da leitura
São textos que destacam um fato, uma pessoa, um intervalo ou uma explicação.

Não conhece o significado de uma palavra? Consulte o **boxe-dicionário**.

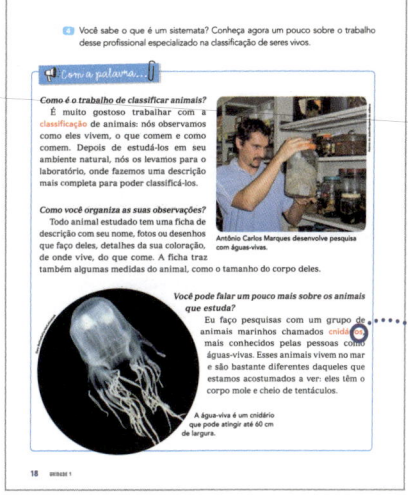

Com a palavra...
Entrevistas com diferentes profissionais farão você perceber que o conhecimento não está somente nos livros.

Se aparecer uma palavra ou expressão escrita na cor vermelha, consulte o **Glossário** no fim do livro.

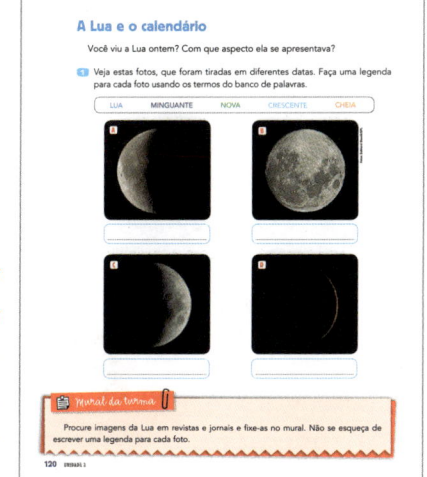

Mural da turma
Que tal compartilhar suas produções com os colegas? Esse é o objetivo desse mural.

Desafio
Um problema, uma nova atividade ou uma pesquisa… Esses são alguns dos desafios propostos para você trabalhar sozinho, em casa ou com os colegas, na classe.

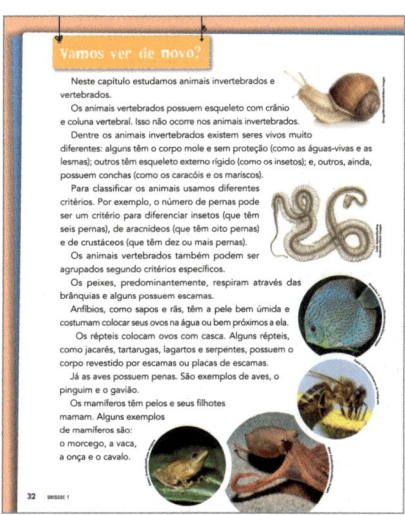

Vamos ver de novo?
Um texto expositivo sintetiza tudo o que você estudou no capítulo.

Trançando saberes
Veja que tudo o que você aprendeu também pode ajudar você no estudo de outras disciplinas.

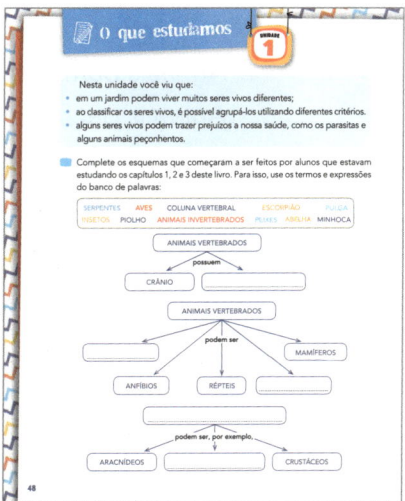

O que estudamos
Aqui você confere o que estudou. Complete os esquemas com os termos do banco de palavras.

5

Sumário

UNIDADE 1 — Ambiente e seres vivos 9

Capítulo 1
Explorando um jardim 10
   O que já sei... 11
   Atividade prática 11
   Descrevendo e comparando animais 12
   Criando critérios e agrupando 16
   Vamos ver de novo? 20

Capítulo 2
Agrupando animais 22
   O que já sei... 23
   Atividade prática 23
   Alguns animais invertebrados 24
   Alguns animais vertebrados 28
   Vamos ver de novo? 32

Capítulo 3
Os animais e a nossa saúde 34
   O que já sei... 35
   Atividade prática 35
   Animais parasitas 36
   Animais peçonhentos 40
   Vamos ver de novo? 44
   Trançando saberes 46
   O que estudamos 48

UNIDADE 2 — Os alimentos e nós 51

Capítulo 4
O que comer? 52
   O que já sei... 53
   Atividade prática 53
   Vegetais que comemos 54
   Nossas refeições 58
   Vamos ver de novo? 62

Capítulo 5
Você na cozinha 64
   O que já sei... 65
   Atividade prática 65
   Experiências na cozinha 66
   Substâncias químicas no dia a dia 70
   Vamos ver de novo? 74

Capítulo 6
Transformações e a química 76
   O que já sei... 77
   Atividade prática 77
   Reversível ou irreversível? 78
   Do natural ao sintético 82
   Vamos ver de novo? 86
   Trançando saberes 88
   O que estudamos 90

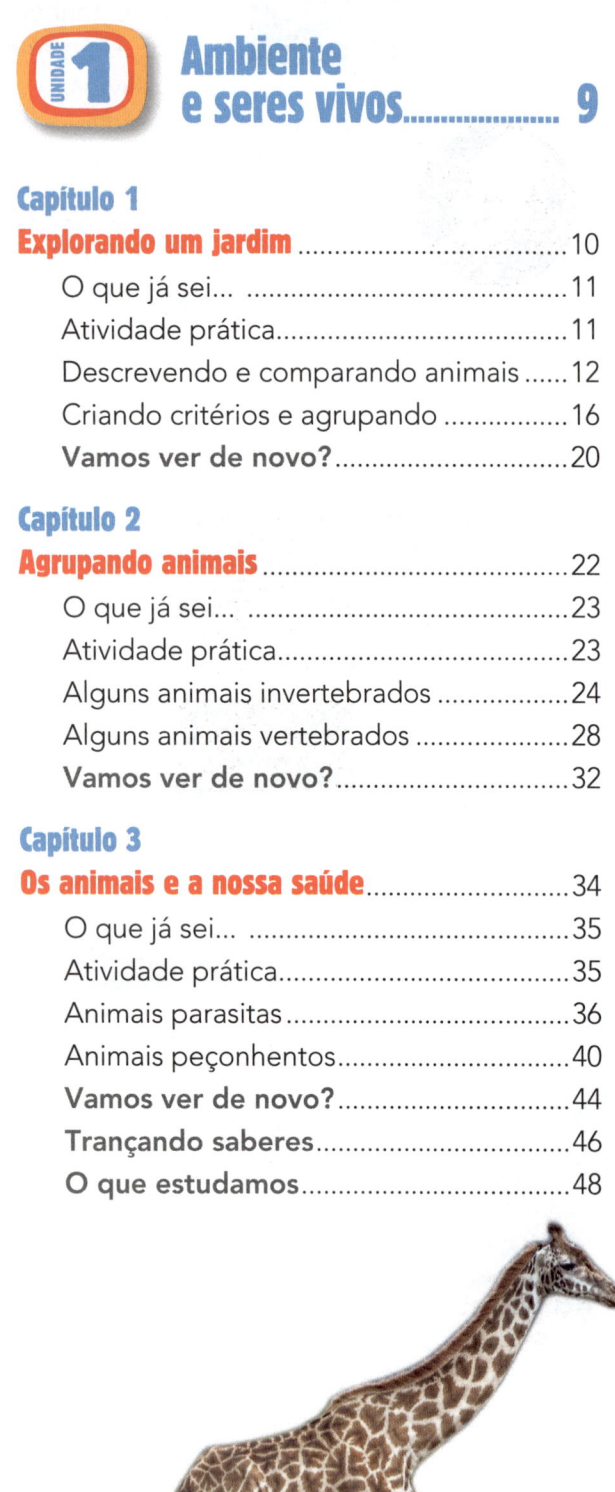

 **O tempo passa**............ **93**

Capítulo 7
Dos lampiões às lâmpadas e sombras...........94
   O que já sei... 95
   Atividade prática......................................95
   Iluminando diferentes corpos..................96
   Sombras..100
   Vamos ver de novo?............................104

Capítulo 8
Observar o céu é ver o tempo passar..........106
   O que já sei... 107
   Atividade prática......................................107
   O Sol, a sombra e as horas 108
   As estrelas e as horas 112
   Vamos ver de novo?............................116

Capítulo 9
A Lua 118
   O que já sei... 119
   Atividade prática......................................119
   A Lua e o calendário...............................120
   A exploração lunar..................................124
   Vamos ver de novo?............................128
   Trançando saberes...............................130
   O que estudamos................................132

 **Invenções e transportes**.................. **135**

Capítulo 10
Invenções: erguer uma carga.......................136
   O que já sei... 137
   Atividade prática......................................137
   Funcionando como nosso braço............138
   Atenção ao erguer cargas 142
   Vamos ver de novo?............................146

Capítulo 11
Invenções: meios de transporte...................148
   O que já sei... 149
   Atividade prática......................................149
   Invenções simples e engenhosas...........150
   Que meios de transporte eu uso?..........154
   Vamos ver de novo?............................158

Capítulo 12
Invenções: a tecnologia por trás da bicicleta 160
   O que já sei... 161
   Atividade prática......................................161
   O mecanismo da bicicleta 162
   A história da bicicleta.............................166
   Vamos ver de novo?............................170
   Trançando saberes...............................172
   O que estudamos................................174

Glossário **176**

Bibliografia **183**

Objeto Educacional Digital ....10, 22, 28, 54 e 118

UNIDADE 1

Ambiente e seres vivos

CAPÍTULO 1
Explorando um jardim

Plantas e animais de um jardim

As imagens exibidas nesta página não seguem a proporção real.

Como são os animais que vivem em um jardim?

O que já sei...

- Em uma folha de papel avulsa, faça um desenho bem bonito de um jardim que você conhece.

- Que animais podem ser encontrados no jardim que você desenhou?

_____
_____

- Será que você sabe:
  - quantas pernas tem uma mosca? _____
  - quantas antenas tem uma aranha? _____
  - quantas asas tem uma borboleta? _____

Atividade prática

Vamos organizar um passeio a um jardim, dentro ou fora da escola. Leve folha de papel, lápis e borracha. Se quiser, leve também lápis de cor.

- Observe com atenção o jardim escolhido. Tente encontrar pequenos animais no jardim. Com cuidado e a ajuda de um pauzinho, procure-os embaixo de pedras, entre as folhagens, cavando a terra. Se descobrir algum animal, não o perturbe: apenas o observe com atenção.

- Em uma folha de papel avulsa, faça um desenho desse jardim, incluindo os animais observados.

- Junto ao desenho, escreva um texto sobre esse jardim, incluindo no seu texto os animais observados.

Descrevendo e comparando animais

Os animais que podem ser encontrados em jardins são muito diferentes uns dos outros. Vamos conhecê-los melhor?

1 Observe as fotos de cada animal e termine de preencher as fichas de descrição abaixo.

FICHA DE DESCRIÇÃO

Mosca: entre 0,5 cm e 1,0 cm.

Nome do animal: MOSCA

Este animal:

- possui quantas antenas? _____
- possui quantas pernas? _____
- possui quantas asas? _____
- põe ovos? _____
- tem penas ou pelos? _____

FICHA DE DESCRIÇÃO

Sabiá-laranjeira: cerca de 25 cm de comprimento.

Nome do animal: SABIÁ-LARANJEIRA

Este animal:
- possui quantas antenas? _____
- possui quantas pernas? _____
- possui quantas asas? _____
- põe ovos? _____
- tem penas ou pelos? _____

2 Complete as fichas de descrição com as informações que faltam e pinte os animais.

FICHA DE DESCRIÇÃO

Nome do animal: _____
Onde é encontrado na natureza: em regiões de clima quente.
O que come: aranhas, mosquitos, moscas, baratas, traças, etc.
Tamanho: aproximadamente 10 centímetros quando adulto.
Outras informações: possui estruturas especiais nos dedos, que lhe possibilita muita aderência à superfície na qual caminha. Reproduz-se através de ovos.

Esse animal possui: _____ pernas, _____ antenas, _____ asas e _____ cauda.

Compartilhe a sua ficha de descrição com os colegas.

FICHA DE DESCRIÇÃO

Nome do animal: _____
Onde é encontrado na natureza: na região amazônica e na mata Atlântica.
O que come: pequenas frutas, sementes e coquinhos.
Tamanho: cerca de 20 centímetros, sem contar a cauda, que pode ser do tamanho do restante do corpo.
Outras informações: muito ativo e ágil, pode cortar coquinhos com seus dentes fortes. As mães amamentam os filhotes.

Esse animal possui: _____ pernas, _____ antenas, _____ asas e _____ cauda.

Consulte o Glossário, na página **176**, para saber o significado das palavras destacadas em vermelho.

VAMOS LER?
- *Meu primeiro Larousse dos animais.* São Paulo: Larousse, 2004.
- <http://planetasustentavel.abril.com.br/planetinha/bichos/>, acesso em abr. 2014.

CAPÍTULO 1   13

Textos e tabelas podem ser muito úteis quando queremos comparar animais.

3 Termine de escrever o texto para comparar o corpo de dois animais.

A minhoca tem o corpo mole. Ela não possui pernas nem asas. A vespa possui _______ asas e _______ pernas. Ela pode voar. A minhoca não voa. A vespa possui _______ antenas e a minhoca não possui nenhuma.

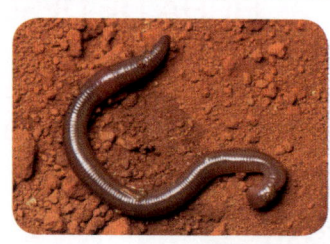

Minhoca (em média 10 cm).

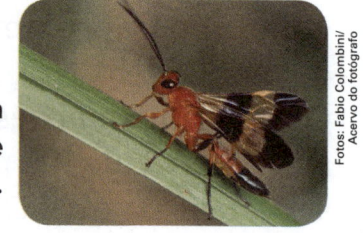

Vespa (cerca de 2 cm).

Fotos: Fabio Colombini/Acervo do fotógrafo

4 Observe o corpo destes animais. Depois, redija um texto comparando-os.

Hans Hillewaert/Acervo do fotógrafo

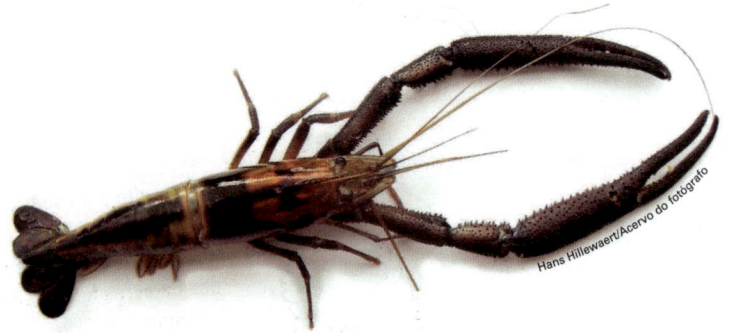

Pitu (chega a medir 48 cm da cauda à ponta das pinças).

Fabio Colombini/Acervo do fotógrafo

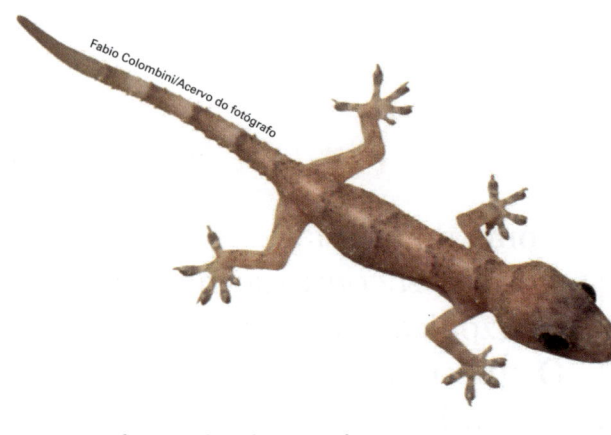

Lagartixa (cerca de 10 cm).

AJT/Shutterstock/Glow Images

Lesma (cerca de 7 cm).

____

____

____

____

____

____

____

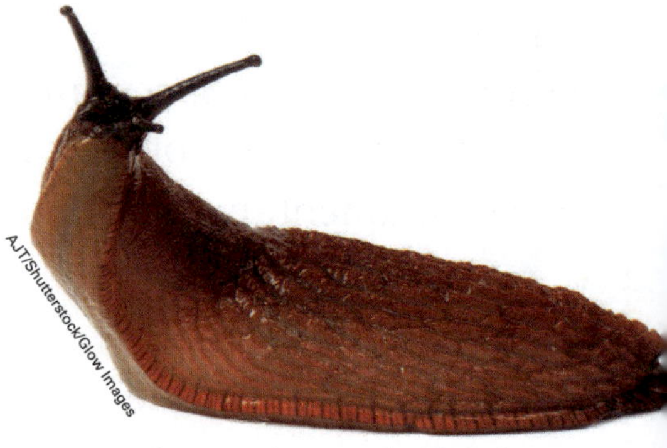

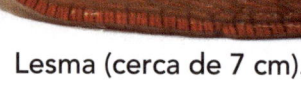

5 Leia o texto e complete os espaços com exemplos de animais. Procure citar todos os animais que apareceram no livro até agora.

Diversidade animal

Quantos seres vivos será que existem no planeta Terra? E quantos seres vivos você conhece?

Até hoje, não sabemos ao certo quantos seres vivos diferentes existem. Se considerarmos só os animais, o número pode ser muito grande.

Os animais podem ser muito diferentes uns dos outros. Existem animais pequenos, como _____. Existem outros muito maiores, por exemplo, _____.

Alguns animais, como _____, não têm pernas. Por outro lado, outros podem ter várias pernas, como, por exemplo, _____.

Alguns animais têm antenas, como _____. Há animais com asas, como _____.

Na imagem de abertura deste capítulo aparecem animais que podem ser encontrados em um jardim. Se você fizesse uma pequena exploração em um jardim próximo a sua escola, quantos tipos de animais diferentes você acha que conseguiria encontrar?

6 Faça um desenho para ilustrar o último parágrafo do texto.

VAMOS LER?
- *Os bichos que tive (memórias zoológicas).* Sylvia Orthof. São Paulo: Salamandra, 2004.
- <http://discoverykidsbrasil.uol.com.br/jogos/ciencias/nivel_avancado/laboratorio_doki>, acesso em abr. 2014.

DESAFIO Com os colegas, faça um pequeno manual de descrição dos animais que poderiam ser encontrados em um jardim da escola ou próximo dela.

CAPÍTULO 1   **15**

Criando critérios e agrupando

Vamos comparar e agrupar animais usando critérios específicos?

1 Antes de agrupar os animais, discuta com seus colegas e explique: o que é **critério**?

Leia a definição que aparece no Glossário ao final do livro e compare com aquela que você fez.

2 Agora, observe novamente os animais da página 10. Depois, agrupe-os de acordo com os critérios sugeridos abaixo:

Agrupamento 1

Animais com asas	Animais sem asas

Agrupamento 2

Animais com antenas	Animais sem antenas

Agrupamento 3

Animais com pernas	Animais sem pernas

Agrupamento 4

Animais com 3 pares de pernas	Animais com 4 pares de pernas

Ilustrações: Lúcia Hiratsuka/Arquivo da editora

3 Preencha os quadros abaixo. Eles vão ajudar você a comparar alguns animais.

Quadro 1

Animal	Borboleta (cerca de 10 cm com as asas abertas).	Escorpião (entre 6 cm e 7 cm).	Mosca (entre 0,5 cm e 1,0 cm).	Gafanhoto (até 6,5 cm).
Número de pernas	_____	_____	_____	_____
Número de asas	_____	_____	_____	_____
Número de antenas	_____	_____	_____	_____

Quadro 2

Animal	Tucano (cerca de 55 cm).	Carpa (de 20 cm a 50 cm, aproximadamente).	Cachorro (beagle, entre 33 cm e 45 cm).	Caxinguelê (cerca de 20 cm, sem a cauda).
Tem penas?	_____	_____	_____	_____
Tem pelos?	_____	_____	_____	_____
Tem escamas?	_____	_____	_____	_____
Põe ovos?	_____	_____	_____	_____
Amamenta os filhotes?	_____	_____	_____	_____

Quais animais do Quadro 1 têm os quadros preenchidos da mesma maneira? Quais são mais parecidos entre si? E do Quadro 2?

CAPÍTULO 1 17

4 Você sabe o que é um sistemata? Conheça agora um pouco sobre o trabalho desse profissional especializado na classificação de seres vivos.

Com a palavra...

Como é o trabalho de classificar animais?

É muito gostoso trabalhar com a **classificação** de animais: nós observamos como eles vivem, o que comem e como comem. Depois de estudá-los em seu ambiente natural, nós os levamos para o laboratório, onde fazemos uma descrição mais completa para poder classificá-los.

Antônio Carlos Marques desenvolve pesquisa com águas-vivas.

Como você organiza as suas observações?

Todo animal estudado tem uma ficha de descrição com seu nome, fotos ou desenhos que faço deles, detalhes da sua coloração, de onde vive, do que come. A ficha traz também algumas medidas do animal, como o tamanho do corpo deles.

Você pode falar um pouco mais sobre os animais que estuda?

Eu faço pesquisas com um grupo de animais marinhos chamados **cnidários**, mais conhecidos pelas pessoas como águas-vivas. Esses animais vivem no mar e são bastante diferentes daqueles que estamos acostumados a ver: eles têm o corpo mole e cheio de tentáculos.

A água-viva é um cnidário que pode atingir até 60 cm de largura.

5 Agora, explique: o que faz um sistemata?

_____

_____

6 Qual animal foi citado na entrevista? Faça um desenho desse animal no espaço ao lado.

7 Discuta com os colegas e responda: para classificar os seres vivos, o sistemata precisa ou não primeiro descrevê-los? Explique.

_____

_____

8 A partir da explicação do sistemata de como ele faz para organizar suas observações, pesquise em *sites* ou em revistas informações sobre um ser vivo. Em seguida, em uma folha avulsa, construa e preencha uma ficha de descrição, conforme o modelo abaixo:

FICHA DE DESCRIÇÃO

Nome do animal
Onde é encontrado na natureza
O que come
Tamanho
Outras informações
Esse animal possui pernas, antenas, asas e cauda?

9 Faça um texto comparando as águas-vivas (estudadas pelo sistemata) com algum dos seres vivos da página 10. Como modelo use o texto apresentado na página 14.

_____

_____

Vamos ver de novo?

Neste capítulo descrevemos e comparamos animais que podem ser encontrados em um jardim.

Primeiro, identificamos asas, antenas, olhos e pernas de alguns seres vivos. Depois, comparamos o corpo de diferentes animais.

Verificamos que, dentre todos os seres vivos comparados, os cachorros e os esquilos são os únicos que amamentam os filhotes. Aprendemos também que insetos, como a borboleta, a mosca e o gafanhoto, possuem seis pernas.

Descobrimos ainda o que fazem os sistematas. Eles são profissionais especializados na classificação de seres vivos.

No final das contas, tomamos contato com uma grande diversidade de seres vivos. Reveja as páginas anteriores e procure contar: quantos animais diferentes foram mostrados?

20 UNIDADE 1

1. Dê exemplos de características que foram usadas neste capítulo para comparar diferentes seres vivos.

_____

_____

2. Observe a foto do bicho-pau e, em uma folha avulsa, faça uma ficha de descrição desse animal.

Bicho-pau (até 26,5 cm).

3. Preencha o quadro abaixo para comparar o número de pernas e de asas de alguns seres vivos. Consulte as páginas anteriores e reveja as fotos apresentadas neste capítulo.

Animal	Aranha	Libélula	Mosca	Borboleta
Número de pernas	_____	_____	_____	_____
Número de asas	_____	_____	_____	_____

CAPÍTULO 1   21

CAPÍTULO 2
Agrupando animais

Animais vertebrados e invertebrados

SERES INCRÍVEIS

Escorpião (de 6 cm a 7 cm).
Águas-vivas (até 60 cm de largura).
Louva-a-deus (de 1 cm a 10 cm).
Sucuri (pode chegar a 11 m).
Tartaruga marinha (adulta, até 2 m de comprimento).
Polvo (entre 6 cm e 70 cm, incluídos os tentáculos).
Girafa (pode chegar a 6 m de altura).
Acará-disco (em média, 15 cm de comprimento).
Pelicano-australiano (até 1,80 m de comprimento e 2,5 m de envergadura).

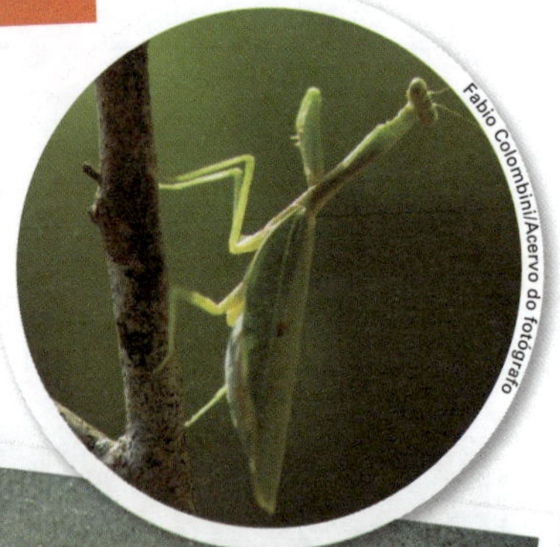

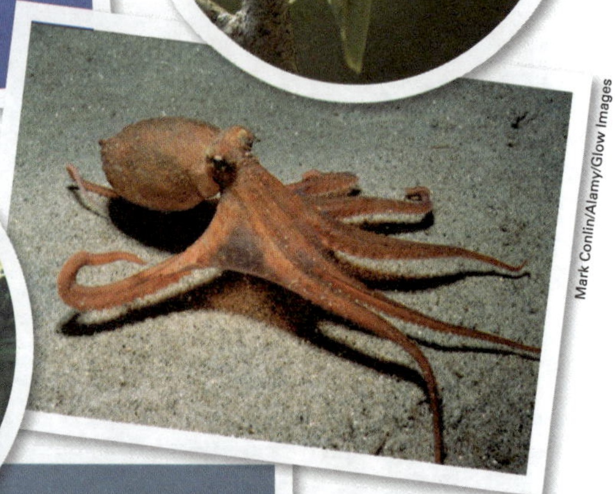

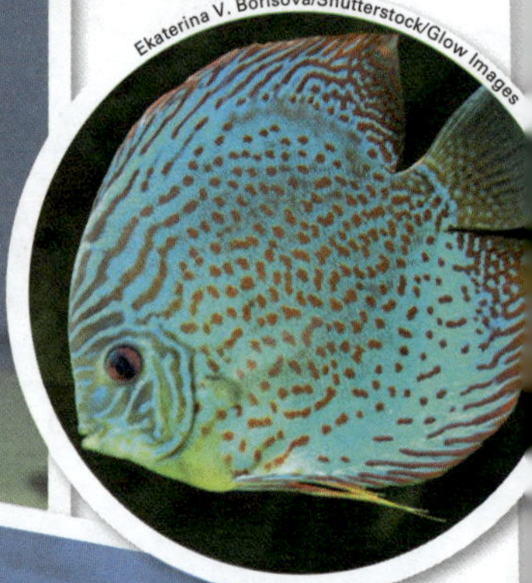

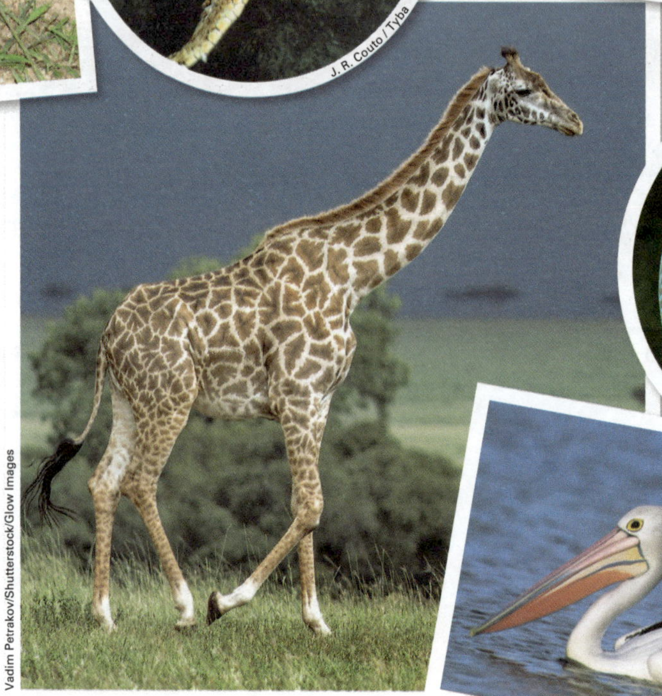

Como esses animais podem ser agrupados?

O que já sei...

- Você conhece os animais que aparecem na página anterior? Observe-os e, numa folha avulsa, escreva uma frase para cada um deles. Na sua frase, diga algo que chama a sua atenção nesse ser vivo, ou qual é a sua sensação ao observá-lo.

- Você sabe o que é um animal vertebrado?

- Você concorda ou discorda das afirmações abaixo? Compartilhe suas respostas com seus colegas.
  - As aranhas são um tipo de inseto.
  - As serpentes não têm ossos.

Atividade prática

Vamos jogar baralho e aprender um pouco mais sobre a diversidade animal ao mesmo tempo?

- Faça um baralho de cartas com imagens dos mais diversos animais. Para isso, procure imagens desses seres vivos em jornais, revistas e na internet. Recorte as imagens impressas e cole-as sobre um papel grosso.

- Faça outro baralho, com cartas que especifiquem critérios que podem ser usados para agrupar os animais. Por exemplo: animais que têm antenas; animais que têm seis pernas, etc.

- Leia as regras do jogo e, com um grupo de colegas, comece a jogar.

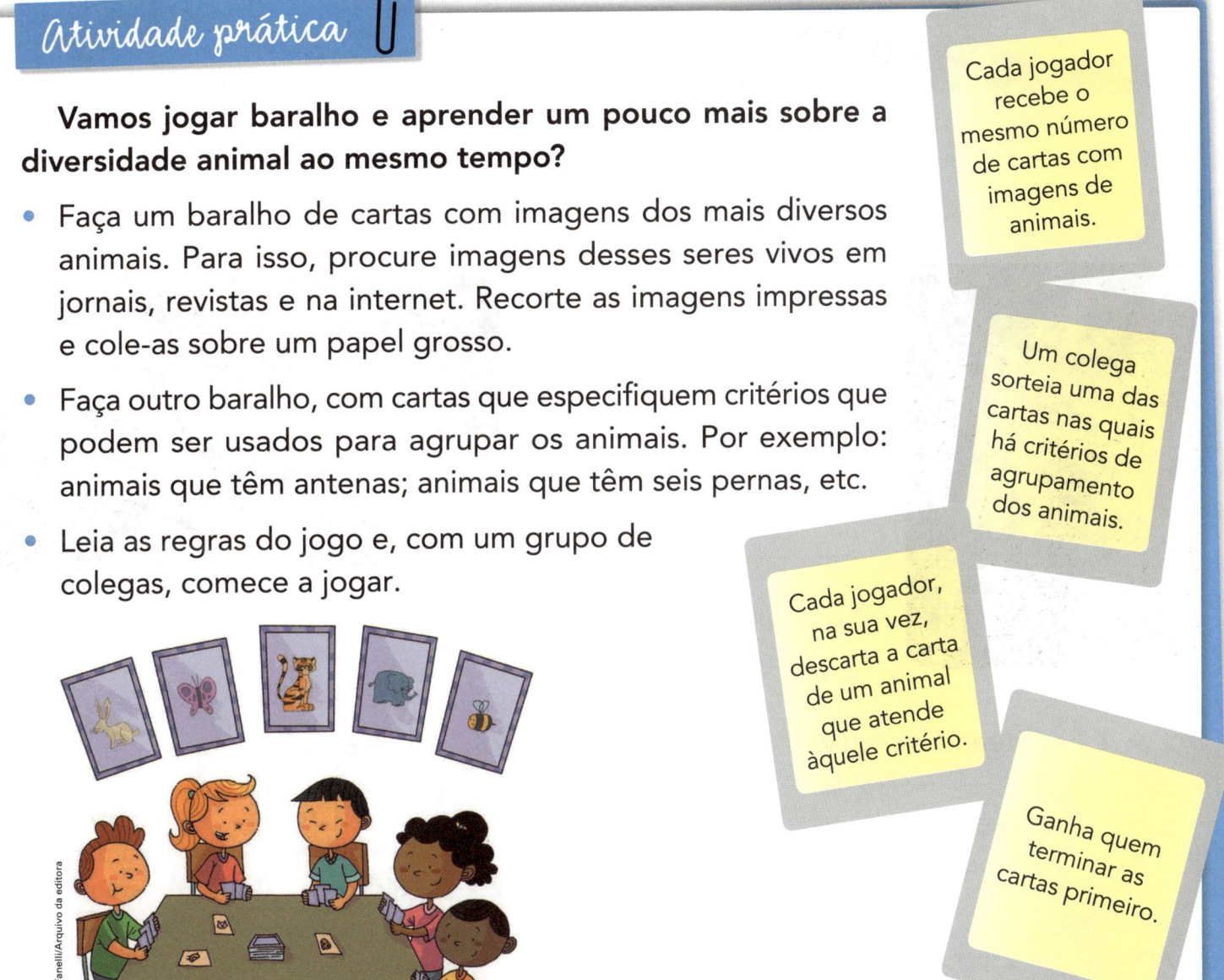

Cada jogador recebe o mesmo número de cartas com imagens de animais.

Um colega sorteia uma das cartas nas quais há critérios de agrupamento dos animais.

Cada jogador, na sua vez, descarta a carta de um animal que atende àquele critério.

Ganha quem terminar as cartas primeiro.

CAPÍTULO 2   23

Alguns animais invertebrados

Vamos comparar o corpo de quatro animais?

1 Com um colega, escreva uma legenda indicando o nome de cada ser vivo. Procure utilizar os termos do banco de palavras.

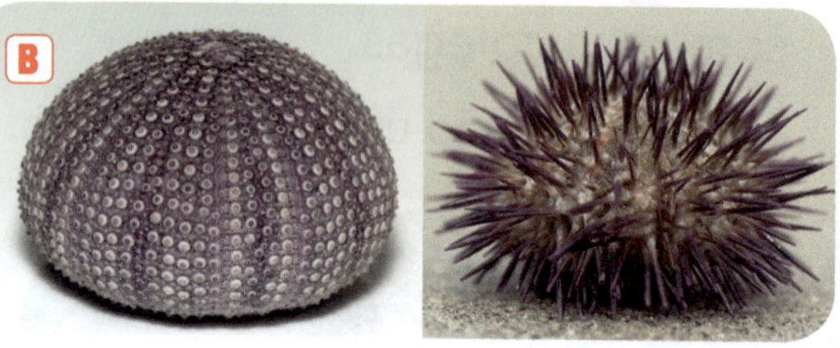

MARISCO OURIÇO-DO-MAR LESMA CIGARRA

Lisa S./Shutterstock/Glow Images

Jolanta Wojcicka/Shutterstock/Glow Images

Fabio Colombini/Acervo do

Kenneth M. Highfill/Photoresearchers/Getty Images

Katja Kircher/Maskot/Getty Images

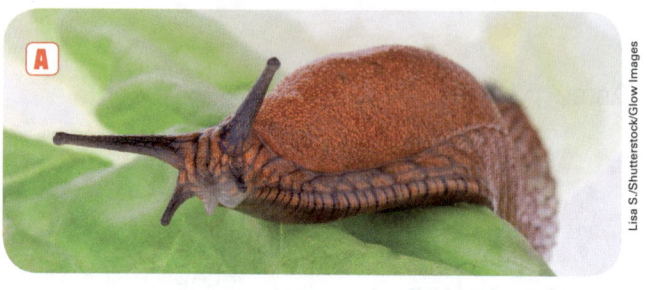

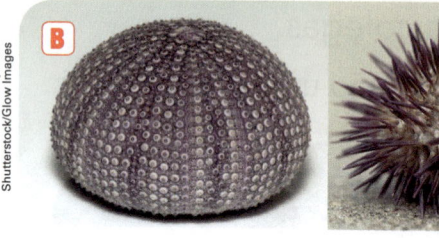

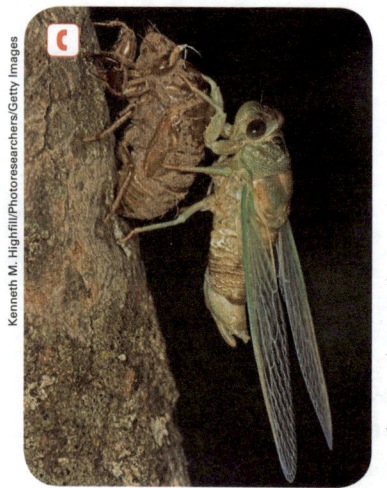

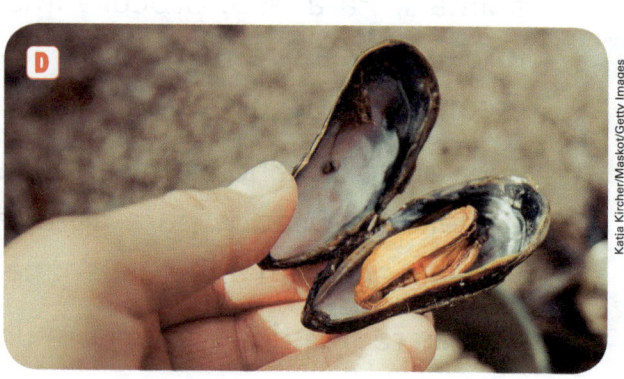

2 Preencha o quadro a fim de comparar esses quatro animais:

	Possui pele nua e úmida	Possui esqueleto externo rígido	Possui esqueleto interno de placas calcárias	Possui concha externa dura e resistente
Animal				

3. Leia o texto e desvende: os animais invertebrados podem ter estruturas rígidas no corpo?

> **VAMOS LER?**
> - Árvore da Vida – A inacreditável biodiversidade da vida na Terra. Rochelle Strauss. São Paulo: Melhoramentos, 2005.
> - <http://www2.uol.com.br/ecokids/diranima.htm>, acesso em jun. 2014.

Animais invertebrados

É difícil dizer que existe uma característica comum a todos os animais invertebrados, caracterizando-os como membros de um mesmo grupo.

Ocorre que, apesar de existirem animais invertebrados tão diferentes uns dos outros, nenhum deles possui esqueleto com crânio e com vértebras.

Mas isso não quer dizer que os animais invertebrados tenham o corpo sem estruturas rígidas. Aliás, existem vários exemplos que provam o contrário.

Existem invertebrados com uma **carapaça** externa rígida. É o que acontece com os insetos (como borboletas e pernilongos), os aracnídeos (como aranhas e escorpiões) e os crustáceos (como camarões e lagostas).

Alguns invertebrados têm conchas externas duras, como os mariscos, as ostras e os caramujos.

Há ainda invertebrados com um esqueleto interno rígido, como as estrelas-do-mar e os ouriços-do-mar.

Se antes você pensava que os animais invertebrados tinham todo o corpo mole, como as minhocas, as lesmas e as águas-vivas, que tal agora reconsiderar as suas ideias?

Caramujo (cerca de 2 cm).

Estrela-do-mar (entre 12 cm e 24 cm, de um braço a outro).

Gafanhoto (cerca de 7 cm).

Escorpião (cerca de 7 cm).

Caranguejo (cerca de 20 cm).

Lagosta (até 60 cm).

CAPÍTULO 2 **25**

4. Escolha um animal citado no texto da página anterior e faça um desenho dele, indicando a parte do corpo que é rígida. Veja como ficou o desenho feito por um aluno.

5. Observe os seres vivos invertebrados mostrados abaixo. Marque com um **X** aqueles que possuem o corpo completamente mole, sem nenhuma estrutura rígida.

Abelha (cerca de 1,0 cm).

Minhoca (cerca de 10 cm).

Planária (cerca de 1,5 cm).

Ouriço-do-mar (cerca de 10 cm de diâmetro).

Mural da turma

Pesquise figuras de animais invertebrados e leve-as para a sala de aula. Antes de fixá-las no mural, troque ideias com os colegas: como agrupar os seres vivos representados nas imagens?

6 Observe as imagens dos seres vivos e complete o quadro a seguir:

	Inseto	Aracnídeo	Crustáceo
Exemplos de animais	Grilo (de 0,3 cm a 5 cm).	Aranha-marrom (cerca de 3 cm).	Caranguejo (cerca de 20 cm).
Número de pernas	_____	_____	_____

7 Agora, termine de escrever o texto, usando os termos do banco de palavras.

> ARACNÍDEO   INSETO   CRUSTÁCEO

Insetos, aracnídeos e crustáceos possuem uma carapaça dura e protetora. Nisso eles são parecidos.

Só que o número de pernas desses animais é muito diferente. Os _____ possuem seis pernas, enquanto os _____ possuem oito pernas. Já os _____ possuem dez ou mais pernas.

Portanto, não podemos dizer que um caranguejo é um inseto. Como um caranguejo tem dez pernas, ele é um _____.

De maneira similar, não podemos dizer que uma aranha é um inseto. Como a aranha possui oito pernas, ela é um _____.

VAMOS LER?
- *Casinha de bichos.* Hardy Guedes Alcoforado Filho. São Paulo: Scipione, 2008.
- *Confusão no jardim.* Ferruccio França Danese. São Paulo: FTD, 2006.

CAPÍTULO 2

Alguns animais vertebrados

Você sabe como é o esqueleto ósseo de diferentes animais?

1. Associe o nome dos animais aos seus esqueletos. Depois, escreva o nome das partes apontadas pelas setas. Veja o modelo.

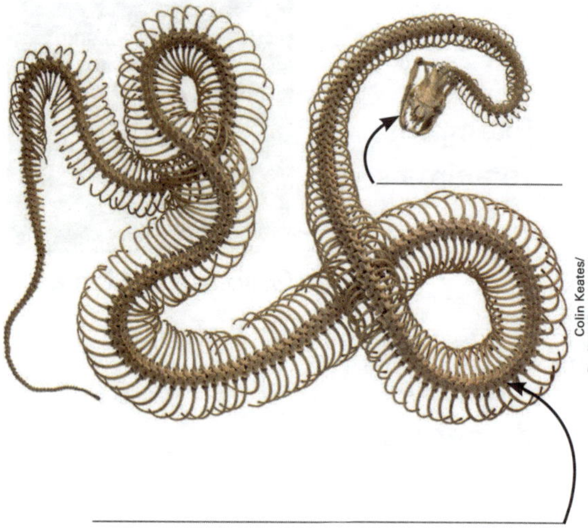

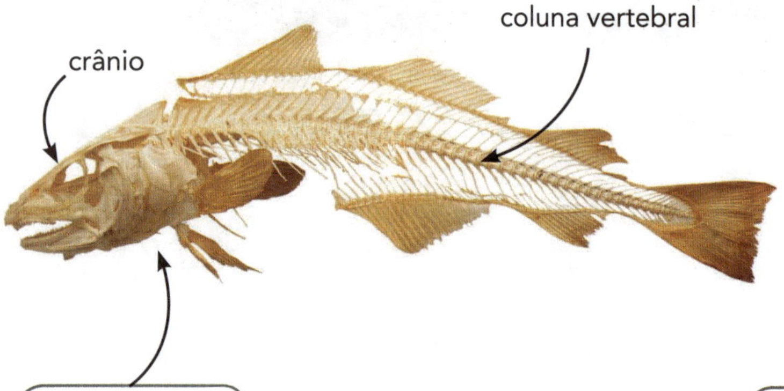

crânio

coluna vertebral

BACALHAU

SERPENTE

CAVALO

PINGUIM

RÃ

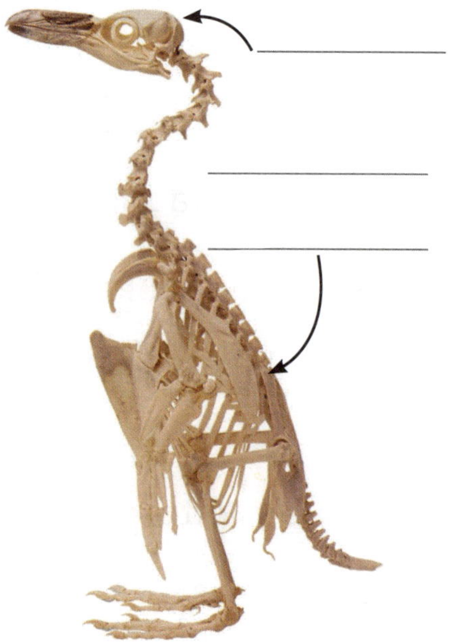

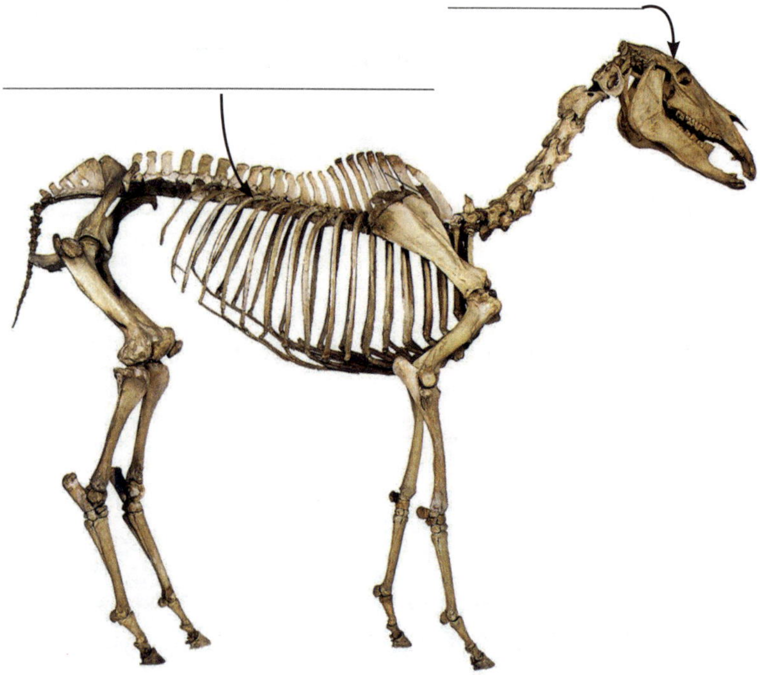

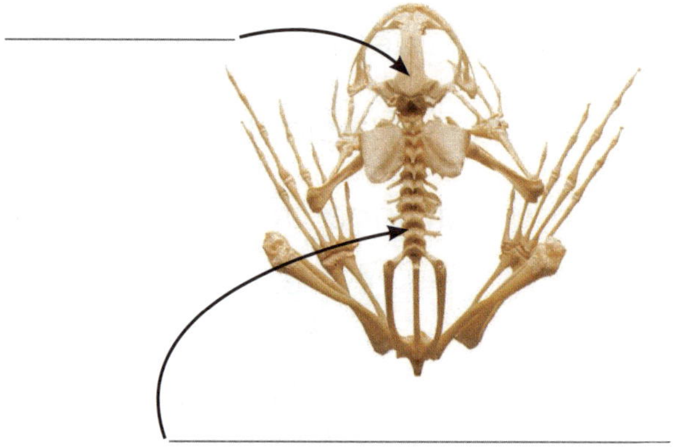

28 UNIDADE 1

2 Vamos ler o texto obtido em uma pesquisa e descobrir como são os animais que possuem esqueleto com crânio e coluna vertebral!

animais vertebrados

Os **animais vertebrados** possuem esqueleto com crânio e coluna vertebral. Existem diferentes tipos de animais vertebrados.

Os mamíferos possuem pelos e têm filhotes que mamam.

As aves possuem penas e se reproduzem por ovos que têm determinadas estruturas protetoras, assim como os ovos de outros vertebrados que são considerados répteis: tartarugas, crocodilos, lagartos e serpentes.

Os sapos são exemplos de vertebrados anfíbios. Eles vivem geralmente muito próximos da água e podem até se reproduzir nela.

Os peixes também são exemplos de vertebrados.

3 Complete os esquemas que começaram a ser feitos. Para isso, utilize os termos do banco de palavras.

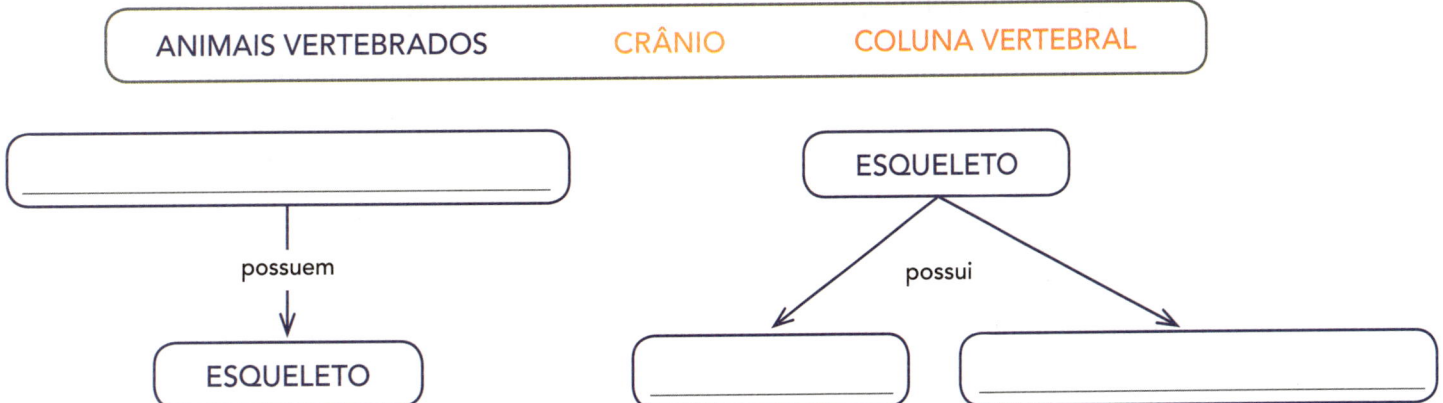

4 O quadro abaixo começou a ser preenchido. Complete-o e responda: quais destes seres vivos são os mais semelhantes entre si?

	Morcego	Ovelha	Pinguim	Tucano
Animal	Cerca de 10 cm.	Cerca de 1,50 m.	Até 1,20 m.	Cerca de 55 cm.
Tem penas?	Não			
Tem pelos?				
Põe ovos?				
Amamenta os filhotes?				

5 Termine de escrever as definições. Utilize os termos do banco de palavras.

OVOS   DENTES   PELOS   PENAS

Mamíferos: animais que geralmente possuem uma espessa camada de _____ revestindo quase todo o corpo; seus filhotes mamam.

Aves: animais com asas, pernas traseiras, pele revestida de _____, boca prolongada em bico, sem _____; a fêmea põe _____.

6 Termine de preencher os esquemas:

RÉPTEIS — nascem a partir de → _____

RÉPTEIS
exemplos
_____   _____
_____

30 UNIDADE 1

7 Leia os bilhetes abaixo. Escolha o mais adequado para servir de **legenda** para cada imagem e indique no quadradinho.

A Os peixes usam as nadadeiras para nadar.

B Os peixes respiram dentro da água por causa das **brânquias**.

C A pele dos peixes é lisa e muito escorregadia e nela estão as escamas. Em muitos peixes as escamas se dispõem como as telhas de um telhado.

Pirapema (cerca de 2 m de comprimento).

Peixe-beta (cerca de 10 cm de comprimento).

Donzela-azul-de-rabo-amarelo (5 cm de comprimento).

8 O cartaz do zoológico está sendo recuperado. Em uma folha avulsa, faça um cartaz e reescreva o texto a fim de deixá-lo prontinho para o público.

Os anfí ios não têm pelos, nem penas, nem escamas. Eles têm a pel úmida. São encontrados geralmente na água, ou próximos dela. Na época da **procriação**, várias espécies põem seus vos na água.

CAPÍTULO 2 31

Vamos ver de novo?

Neste capítulo estudamos animais invertebrados e vertebrados.

Os animais vertebrados possuem esqueleto com crânio e coluna vertebral. Isso não ocorre nos animais invertebrados.

Dentre os animais invertebrados existem seres vivos muito diferentes: alguns têm o corpo mole e sem proteção (como as águas-vivas e as lesmas); outros têm esqueleto externo rígido (como os insetos); e, outros, ainda, possuem conchas (como os caracóis e os mariscos).

Para classificar os animais usamos diferentes critérios. Por exemplo, o número de pernas pode ser um critério para diferenciar insetos (que têm seis pernas), de aracnídeos (que têm oito pernas) e de crustáceos (que têm dez ou mais pernas).

Os animais vertebrados também podem ser agrupados segundo critérios específicos.

Os peixes, predominantemente, respiram através das brânquias e alguns possuem escamas.

Anfíbios, como sapos e rãs, têm a pele bem úmida e costumam colocar seus ovos na água ou bem próximos a ela.

Os répteis colocam ovos com casca. Alguns répteis, como jacarés, tartarugas, lagartos e serpentes, possuem o corpo revestido por escamas ou placas de escamas.

Já as aves possuem penas. São exemplos de aves, o pinguim e o gavião.

Os mamíferos têm pelos e seus filhotes mamam. Alguns exemplos de mamíferos são: o morcego, a vaca, a onça e o cavalo.

32 UNIDADE 1

Responda com base no que você estudou neste capítulo:

a) O que são animais vertebrados?

b) Você concorda ou discorda do que o aluno falou? Explique sua resposta.

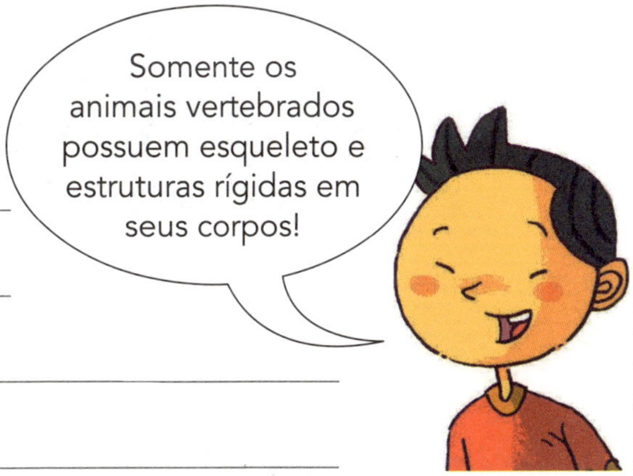

Léo Fanelli/Arquivo da editora

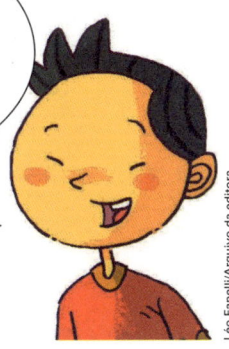

c) Quais são as principais características dos mamíferos?

d) Leia a tirinha. A personagem da história em quadrinhos classificou de maneira correta as baratas e as aranhas? Caso ela tenha se enganado, reescreva seu balão de fala, corrigindo-o.

Léo Fanelli/Arquivo da editora

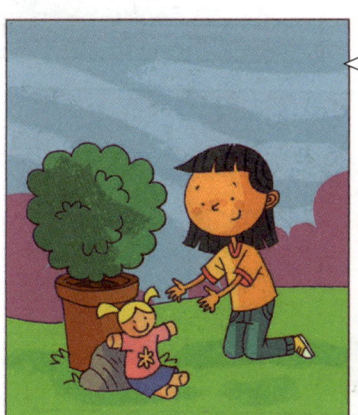

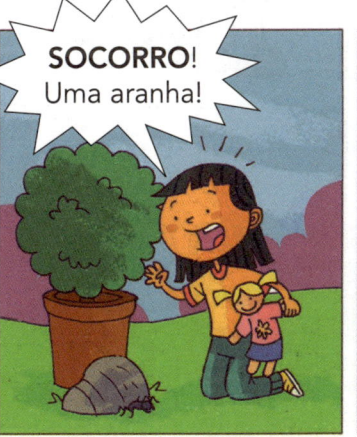

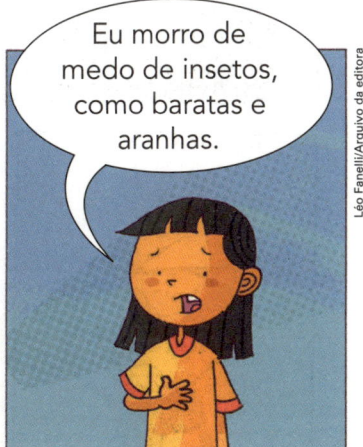

CAPÍTULO 3
Os animais e a nossa saúde

Que cuidados devemos ter com alguns animais que podem causar prejuízo à nossa saúde?

O que já sei...

- Você já viu uma pulga? E um carrapato? Troque ideias com seus colegas e desenhe, numa folha à parte, uma pulga e um carrapato, como você imagina que eles sejam.
- Você sabe o que quer dizer **parasita**? Procure essa palavra no dicionário e, numa folha avulsa, faça um desenho para representar a definição que você encontrou.
- Que cuidados você acha que devemos tomar com certas aranhas e serpentes?

Atividade prática

A pulga e o carrapato são muito pequenos. Vamos observar outros pequenos seres vivos em detalhes?

- Você vai precisar de uma lupa ou de uma lente de aumento qualquer.
- Escolha um pequeno ser que já esteja morto e observe-o – por exemplo, uma joaninha, uma borboleta ou um besouro.

Blend Images - ERproductions Ltd./Getty Images

HQZart/Arquivo da editora

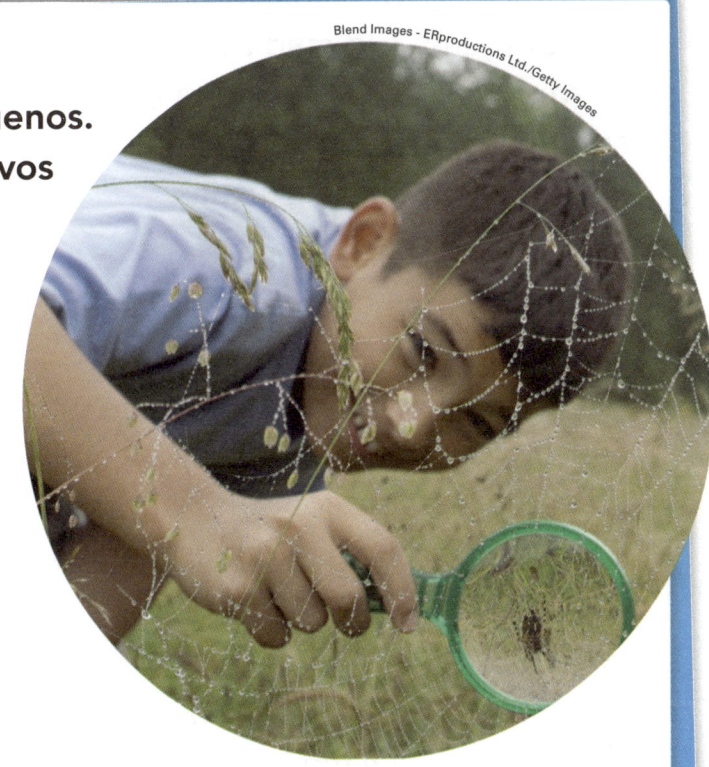

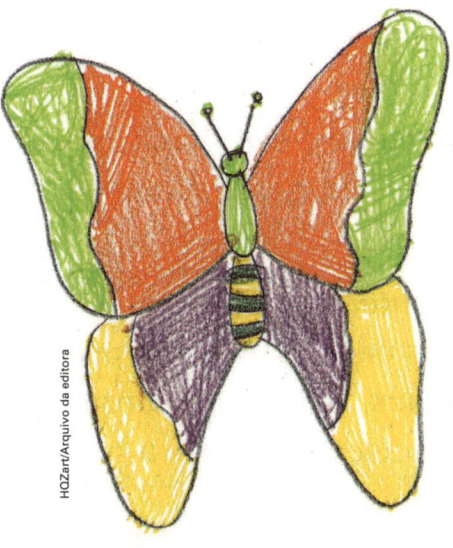

- Faça um desenho bem detalhado do corpo desse animal.
- Compartilhe seu desenho com os colegas e veja os desenhos que eles fizeram.

Animais parasitas

Vamos conversar com um médico veterinário?

1 Leia a entrevista abaixo e conheça mais sobre essa profissão e sobre os cuidados que devemos ter com os animais de estimação.

Com a palavra...

O que faz um médico veterinário?

O médico veterinário cuida da saúde dos animais. Ele ajuda nos tratamentos preventivos, faz consultas, indica a administração de medicamentos e, quando necessário, realiza cirurgias.

Além das pulgas, quais animais podem "incomodar" bastante os nossos bichos de estimação?

Parasitas como o carrapato e o piolho podem ficar sobre os animais sugando-lhes o sangue, assim como fazem as pulgas. Além disso, certos vermes podem ficar dentro do intestino do animal e prejudicar bastante a sua saúde.

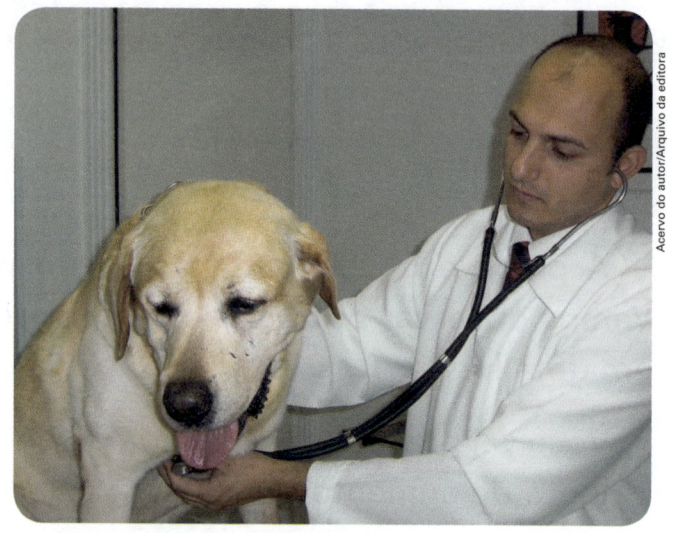

O dr. Nelson Alexandre Palla explica: quanto melhor cuidamos dos animais de estimação, menos doenças eles podem desenvolver.

ATENÇÃO!
Não dê remédios a seu animal sem consultar um médico veterinário.

Por que os parasitas fazem isso?

Um parasita é um ser vivo que vive sobre ou dentro de outro ser vivo, conhecido como hospedeiro. Os parasitas prejudicam o hospedeiro, em geral sugando-lhe o sangue. É assim que eles obtêm o alimento de que precisam.

Que cuidados podemos tomar para evitar que isso aconteça?

O cuidado básico é com a higiene do animal. Além dos banhos, existem produtos especiais que ajudam a prevenir a infestação por parasitas. Afinal, é muito melhor evitar que o animal seja parasitado do que ficar tratando dele depois que a sua saúde já foi comprometida.

2 Responda:

a) De acordo com o veterinário: o que é um animal parasita?

_____

_____

b) Dê alguns exemplos de animais parasitas.

_____

3 Você concorda com a fala do aluno ou discorda dela? Explique sua resposta.

> Os parasitas sempre ficam sobre o corpo de um animal, sugando-lhe o sangue.

_____

_____

_____

4 Complete as fichas de descrição.

FICHA DE DESCRIÇÃO

Nome do animal: PULGA
Tamanho: cerca de 1 milímetro.
Número de pernas: _____.
Onde vive: sobre a pele.
De que se alimenta: sangue.
Curiosidade: de modo geral, existe um tipo de pulga para cada espécie de animal parasitado.

FICHA DE DESCRIÇÃO

Nome do animal: CARRAPATO
Tamanho: cerca de alguns milímetros até aproximadamente 2,5 centímetros de diâmetro.
Número de pernas: _____.
Onde vive: sobre a pele.
De que se alimenta: sangue.
Curiosidade: depois de se alimentar, um carrapato pode aumentar até 10 vezes de tamanho.

> Compare as imagens da pulga e do carrapato com o seu desenho inicial e troque ideias com os colegas: a pulga e o carrapato são como você imaginava?

CAPÍTULO 3

5 Leia o texto a seguir para saber um pouco mais sobre os piolhos.

Hora da leitura

Os piolhos e a nossa saúde

Os piolhos são pequenos insetos com cerca de 3 mm. Eles se alimentam de sangue e podem se **alojar** em diferentes seres vivos, inclusive no ser humano.

Os piolhos sugam o sangue do couro cabeludo, deixando no local de sua ação pequenas feridinhas ou marcas vermelhas, que dão aquela coceira danada.

Mas a situação pode se agravar. Veja:

1. Suponha que você esteja com piolhos. Depois de um tempo, as fêmeas de piolho que perambulam por sua cabeça depositam ovos pequenos e claros, que ficam presos aos cabelos. Esses ovos são conhecidos pelo nome de **lêndeas**.
2. Em cerca de apenas uma semana, das lêndeas presas aos fios de cabelo nascem novos piolhos.
3. Com mais piolhos na cabeça, a infestação se agrava.

Assim, caso você venha a ter piolhos, é importante avisar a todos na escola. Isso pode ser um pouco constrangedor, mas vale a pena. Afinal de contas, os piolhos são transmitidos por contato, e você não vai querer passar piolho para seus colegas, não é verdade?

Piolho humano (cerca de 3 mm) preso a fios de cabelo.

Fotos: Eye of Science/Science Photo Library

Em uma folha avulsa, faça um desenho para ilustrar o texto.

Lêndeas de piolho (cerca de 0,8 mm de comprimento) presas a fios de cabelo.

38 UNIDADE 1

6 Complete a ficha de descrição do piolho que um aluno começou a fazer.

FICHA DE DESCRIÇÃO

Nome do animal: PIOLHO

Tamanho: _____.

Número de pernas: _____.

Onde vive: no couro cabeludo dos seres humanos.

Do que se alimenta: _____.

Curiosidade: uma fêmea de piolho pode depositar até 300 ovos durante sua vida.

7 Termine de preencher o cartaz que alerta sobre os piolhos.

OS PIOLHOS SÃO ANIMAIS PARASITAS QUE SE ALIMENTAM DE _____

Para se prevenir dos piolhos

Mantenha os cabelos sempre _____ e penteados.

Evite frequentar locais onde muitas pessoas estejam com _____.

O que fazer se você está com piolhos

Para retirar as _____, peça a um adulto que use um pente fino para pentear seu cabelo.

Existem xampus e sabonetes especiais para _____ os piolhos.

CAPÍTULO 3

Animais peçonhentos

Vamos descobrir o que são animais peçonhentos!

1 Leia o texto e dê um título para ele.

_____

Existem animais com os quais devemos tomar bastante cuidado! É que eles possuem veneno e podem inoculá-lo: são os animais peçonhentos.

Se alguém for pego por uma serpente venenosa, deve procurar atendimento médico imediatamente. Se possível, identificar o animal; isso facilitará na hora de receber **soro**.

Se alguém for pego por aranha ou escorpião venenosos, também deve procurar atendimento médico imediatamente. Se possível, um adulto deve levar o animal para ser identificado, o que também facilita no momento da medicação.

• **inocular:** introduzir, injetar.

2 Agora, responda:

a) O que são animais peçonhentos? _____

_____

b) Caso alguém seja picado por uma serpente, aranha ou escorpião, o que deve fazer? _____

_____

3 Faça um desenho para ilustrar o texto.

4 Associe cada imagem à legenda adequada.

Essa serpente é a cascavel. Está na posição de dar o bote. Ela é venenosa. Repare que sua cauda possui um "guizo" na extremidade.

Essa serpente é a jiboia. Ela não é venenosa, sua cabeça é arredondada e sua cauda se afila gradualmente.

5 Leia esta história em quadrinhos, que conta um acidente com um animal peçonhento.

Esta bota está sufocando meus pés, Zezão. Vou tirá-la.

Olha que é melhor trabalhar de bota, Afonso!

Socorro! Uma serpente me pegou no pé!

Você bem que avisou. Aprendi essa lição!

6 Nas linhas abaixo, responda: qual foi a lição aprendida?

_____

_____

CAPÍTULO 3 **41**

7 Com certas aranhas também devemos ser bem cuidadosos. Leia a continuação da história de Afonso e Zezão.

> Depois do susto com a serpente, vou pôr as botas bem aqui na frente da porta para não esquecê-las amanhã, Zezão.

> Olha que é melhor guardar a bota bem protegida, Afonso!

> Agora, sim. Olhe aqui as botas. Vou colocá-las e não tirá-las mais.

> Mas você deixou as botas aí, Afonso?

> **Socorro**, Zezão, uma aranha me pegou no pé!

> Agora aprendi o resto da lição.

8 Agora, responda: qual foi a outra lição que o Afonso aprendeu?

_____
_____
_____

42 UNIDADE 1

9 Complete a cruzadinha utilizando as dicas apresentadas nos textos a seguir. Conheça assim mais serpentes e aranhas venenosas.

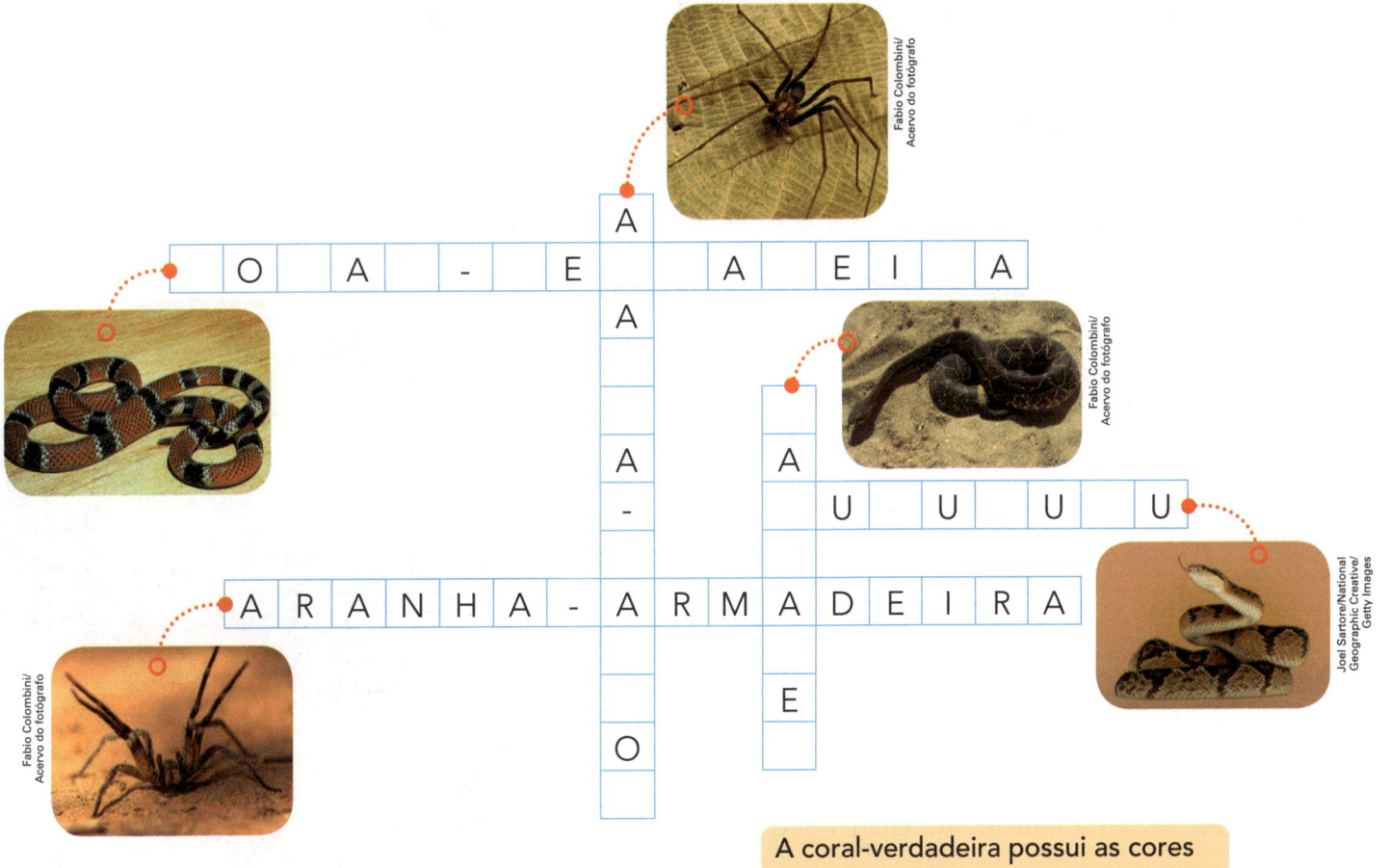

				A					
C	O	R	A	L	-	V	E	R	D	A	D	E	I	R	A
				A					
				A			A		
				-	S	U	R	U	C	U	C	U
	A	R	A	N	H	A	-	A	R	M	A	D	E	I	R	A
							E		
				O					

(Nota: a grade acima é uma aproximação; a cruzadinha completa contém as palavras **CORAL-VERDADEIRA**, **ARANHA-MARROM** (vertical), **SURUCUCU**, **ARANHA-ARMADEIRA** e **CASCAVEL**.)

> A coral-verdadeira possui as cores vermelha, branca e preta. Mede cerca de 1 metro de comprimento.

> A surucucu é uma das maiores serpentes venenosas da América do Sul e chega a medir 4 metros quando adulta.

> A aranha-marrom possui um veneno muito **tóxico**. Ela não é agressiva. Tece teias parecidas com chumaços de algodão em telhas, tijolos, cantos de parede, etc.

> A cascavel pode medir até 1,6 metro de comprimento e possui um chocalho na ponta da cauda.

> A aranha-armadeira é agressiva. Vive em locais escuros. Esteja atento: ela pode se abrigar, por exemplo, dentro de calçados!

DESAFIO Elabore uma ficha de descrição para cada um dos animais desta página.

Vamos ver de novo?

Neste capítulo estudamos seres vivos que, de alguma maneira, podem trazer prejuízos a nossa saúde.

Conhecemos detalhes de pulgas, carrapatos e piolhos. Aprendemos que eles vivem sobre o corpo de outro ser vivo e sugam-lhe o sangue. É assim que se alimentam.

Pulgas, carrapatos e piolhos podem ser considerados parasitas. Esse tipo de ser vivo se aloja sobre ou dentro de outro ser vivo, conhecido como hospedeiro. Os parasitas prejudicam o hospedeiro de diferentes maneiras.

Além disso, vimos que existem algumas aranhas e serpentes que não são parasitas, mas são peçonhentas. Os animais peçonhentos possuem veneno e podem inoculá-lo.

Uma das maneiras de prevenir acidentes com animais peçonhentos é estar atento às vestimentas. Por exemplo, muitas pessoas são picadas por serpentes no pé simplesmente porque andam descalças.

No final das contas, o que podemos dizer é que é importante desenvolver hábitos que ajudem a preservar a nossa saúde. Mantenha os hábitos de higiene, que ajudam a prevenir a infestação por parasitas como pulgas, carrapatos e piolhos, e considere os cuidados com as vestimentas, que ajudam a prevenir acidentes com serpentes e aranhas.

44 UNIDADE 1

1 Responda com base no que você estudou neste capítulo:

a) Qual é o alimento de pulgas, carrapatos e piolhos?

_____

b) Explique o que são parasitas.

_____

_____

c) Você concorda ou discorda da seguinte ideia: "Os animais parasitas sempre vivem dentro do corpo de outros seres vivos". Explique a sua resposta.

_____

_____

d) O que são animais peçonhentos? Dê exemplos.

_____

_____

e) Cite uma maneira de prevenir acidentes com animais peçonhentos.

_____

2 Complete a ficha de descrição de mais um ser vivo. Depois, troque ideias com os colegas e responda: vocês classificariam o escorpião em qual grupo de seres vivos estudados nesta unidade?

FICHA DE DESCRIÇÃO

Nome do animal: ESCORPIÃO
Tamanho: em média, de 6 a 7 cm.
Número de pernas: _____ .
Onde vive: em geral são encontrados durante o dia sob troncos de árvores e locais abrigados.
De que se alimenta: são predadores que se alimentam de diferentes animais.
Curiosidade: possuem hábitos noturnos. Seu veneno é usado para caçar porque tem o efeito de imobilizar a presa.

CAPÍTULO 3   45

Trançando saberes

1 Leia os dois poemas abaixo, que exploram de maneira divertida o nome de alguns animais.

Minhocas na cabeça

— Seu doutor, estou grilado,
meu pé está formigando.
É algo grave ou estou procurando
sarna pra me coçar?
— Já lhe digo o que é:
tire as minhocas da cabeça,
é só um bicho-de-pé.

Fonte: Marcelo R. L. Oliveira. *Nós e os bichos*. São Paulo: Companhia das Letrinhas, 2001.

Emprego

Vamos arranjar um emprego
para o bicho-preguiça?
— Que tal carteiro?
— Aí ninguém recebe cartas.

— Que tal bombeiro?
— Aí o fogo queima tudo.

— Que tal maquinista?
— Aí o trem nunca mais chega.

— Que tal dentista?
— Aí ficamos todos banguelas.

— Então só se for emprego
de bicho-preguiça no zoológico.

— Isso mesmo!
— Lógico!

Fonte: José Paulo Paes. *Olha o bicho*. São Paulo: Ática, 2000.

2 Em uma folha à parte, escreva um poema sobre algum animal estudado nesta unidade. Use um dos poemas da página 46 como modelo.

3 Termine de preencher o quadro abaixo, explicando o significado de diferentes expressões que foram usadas em um dos textos da página anterior.

Pergunte a parentes e amigos se eles conhecem outras expressões nas quais apareçam nomes de animais.

Que tal fazer textos curtos utilizando expressões nas quais apareçam nomes de animais?

Expressão	Significado no texto
Estar grilado	Estar preocupado.
Formigar	
Ter minhocas na cabeça	
Procurar sarna para se coçar	

4 Complete o quadro feito a partir do nome das profissões citadas no texto "Emprego".

Profissão citada no texto	O que faz	Outra profissão que começa com a mesma letra	O que faz
Carteiro		C	
Bombeiro		B	
Maquinista		M	
Dentista		D	

5 Resolva o enigma matemático e depois responda: a qual dos dois textos da página anterior o enigma se refere?

Minha primeira estrofe tem 4 versos.
Depois cada estrofe tem 2 versos.
14 versos no total tenho.
Quantas estrofes tenho?

47

O que estudamos

UNIDADE 1

Nesta unidade você viu que:
- em um jardim podem viver muitos seres vivos diferentes;
- ao classificar os seres vivos, é possível agrupá-los utilizando diferentes critérios.
- alguns seres vivos podem trazer prejuízos a nossa saúde, como os parasitas e alguns animais peçonhentos.

Complete os esquemas que começaram a ser feitos por alunos que estavam estudando os capítulos 1, 2 e 3 deste livro. Para isso, use os termos e expressões do banco de palavras:

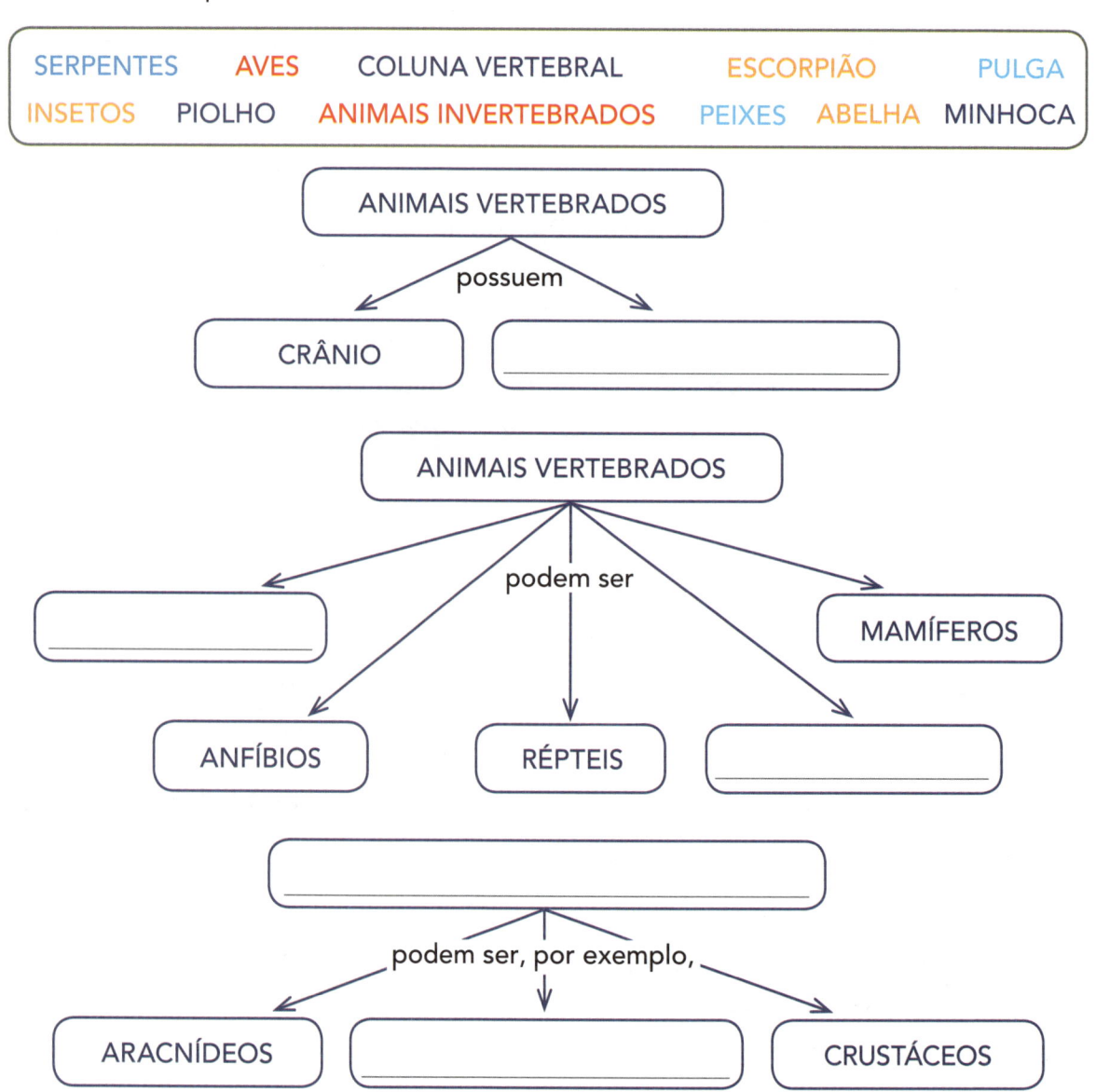

| SERPENTES | AVES | COLUNA VERTEBRAL | ESCORPIÃO | PULGA |
| INSETOS | PIOLHO | ANIMAIS INVERTEBRADOS | PEIXES | ABELHA | MINHOCA |

ANIMAIS VERTEBRADOS
possuem
CRÂNIO — _____

ANIMAIS VERTEBRADOS
podem ser
_____ — ANFÍBIOS — RÉPTEIS — _____ — MAMÍFEROS

_____
podem ser, por exemplo,
ARACNÍDEOS — _____ — CRUSTÁCEOS

48

ANIMAIS PARASITAS
exemplos
_____ _____
CARRAPATO

ANIMAIS PEÇONHENTOS
por exemplo, algumas
_____ ARANHAS

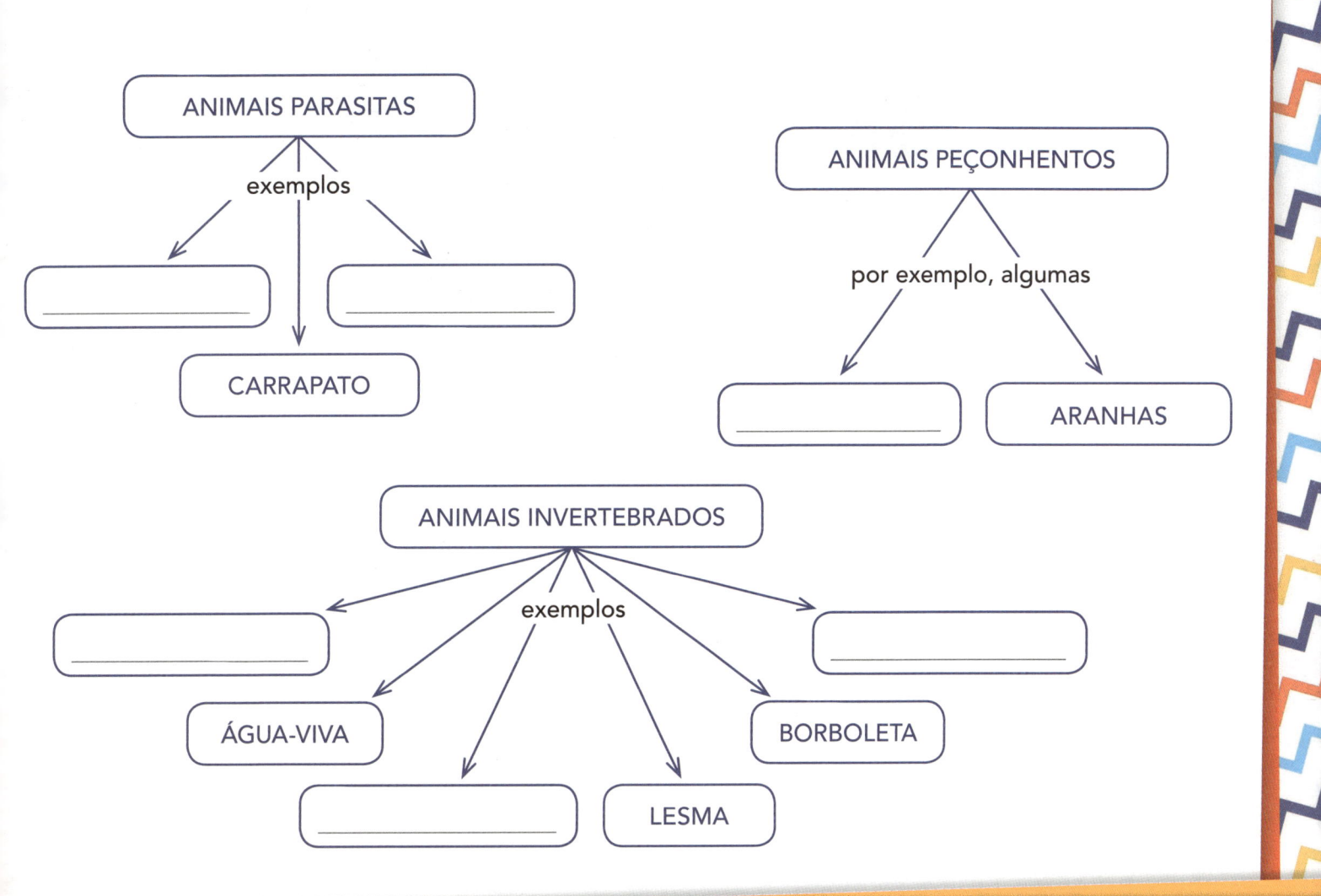

ANIMAIS INVERTEBRADOS
exemplos
_____ _____
ÁGUA-VIVA BORBOLETA
_____ LESMA

Folheie as páginas anteriores e reflita sobre valores, atitudes e o que você sentiu e aprendeu nesta unidade:

- Você ficou com vontade de estudar mais sobre algum animal vertebrado ou invertebrado? Sobre qual(is) animal(is) você gostaria de conhecer mais?
- O que você sente ao ver um animal preso em um recinto, como uma jaula, por exemplo?
- O que você pensa, sente e faz ao ver um animal parasita? E um animal peçonhento? Compartilhe sua resposta com seus colegas e familiares.

UNIDADE 2

Os alimentos e nós

CAPÍTULO 4
O que comer?

Como deve ser uma boa refeição?

52 UNIDADE 2

O que já sei...

- Troque ideias com seus colegas: dos alimentos mostrados na página anterior, quais você escolheria para comer?

- Você escolhe os alimentos que vai comer baseando-se em quê?
    - No cheiro?
    - No gosto?
    - Na aparência?
    - Na recomendação de seus pais?

- Na sua casa costuma-se comer verduras? Quais?

Atividade prática

Que tal fazer uma salada bem gostosa com os colegas?

- Façam uma lista dos vegetais que vocês querem pôr na salada e dos ingredientes necessários para temperá-la. Combinem entre si quem vai trazer o quê.

- No dia marcado, lavem os vegetais para a salada. Depois, peçam que o professor os corte.

- Montem a salada em uma travessa. Preparem o tempero ou os temperos.

- Agora, é só comer. Bom apetite!

Fotos: Eduardo Santaliestra/Arquivo da editora

CAPÍTULO 4

Vegetais que comemos

Você conhece diferentes vegetais que usamos em nossa alimentação?

1 Observe os diferentes pratos e identifique qual vegetal da lista abaixo está presente em cada refeição.

Prato A

Prato B

Prato C

Prato D

alface _____   cebola _____   arroz _____

couve _____   feijão _____   couve-flor _____

batata _____   repolho _____   cenoura _____

beterraba _____   salsa _____   banana _____

brócolis _____   tomate _____

2 Observe os vegetais que estão no ponto de serem colhidos. Aponte com setas onde estão suas raízes, folhas e frutos.

Pé de alface

Pé de tomate

Pé de cenoura

54 UNIDADE 2

3 Leia o texto e complete os espaços em branco com os termos do banco de palavras:

SEMENTES   FLORES   RAÍZES   FRUTOS   CAULE   FOLHAS

Vegetais na alimentação

Você gosta de chupar manga?

A manga é um fruto de uma grande árvore, a mangueira. Da mangueira nós só comemos os frutos. Não comemos suas folhas, nem suas flores, nem o tronco, nem as raízes.

E isso vale para muitos outros vegetais: costumamos usar uma ou poucas partes de uma determinada planta em nossa alimentação.

Observe um pé de pepino e um de espinafre. Desses vegetais comemos diferentes partes.

Da berinjela, do pepino, do tomate e da abóbora o que comemos são os _____ das plantas.

Do pé de alface, de couve, de rúcula e de espinafre comemos as _____.

Do pé de cenoura, do rabanete e da mandioca comemos as _____.

Do palmito comemos o _____.

Há plantas das quais comemos até as _____. É o caso da couve-flor, do brócolis e da alcachofra, por exemplo.

No caso do milho e do feijão, o que costumamos comer são os **grãos** ou _____ das plantas.

Pé de pepino

Pé de espinafre

CAPÍTULO 4   **55**

4 Identifique as plantas que aparecem nas fotos abaixo e termine de escrever as legendas usando os termos do banco de palavras:

> CENOURA   PEPINO   COUVE   ERVILHA   BRÓCOLIS   PALMITO

Do pé de _____ usamos as flores e os talos.

Do pé de _____ usamos a raiz.

Do pé de _____ usamos os frutos.

Do pé de _____ usamos as **vagens** e as sementes.

Do pé de _____ usamos o **caule**.

Do pé de _____ usamos as folhas.

5 Observe o prato de refeição e complete o quadro.

Vegetal encontrado	Parte que comemos

Existe alguma parte vegetal que estudamos neste capítulo que não está presente nesta refeição?

56 UNIDADE 2

6 Observe cada vegetal encontrado nesta cesta, identifique-os e complete as legendas de acordo com a parte do vegetal que comemos.

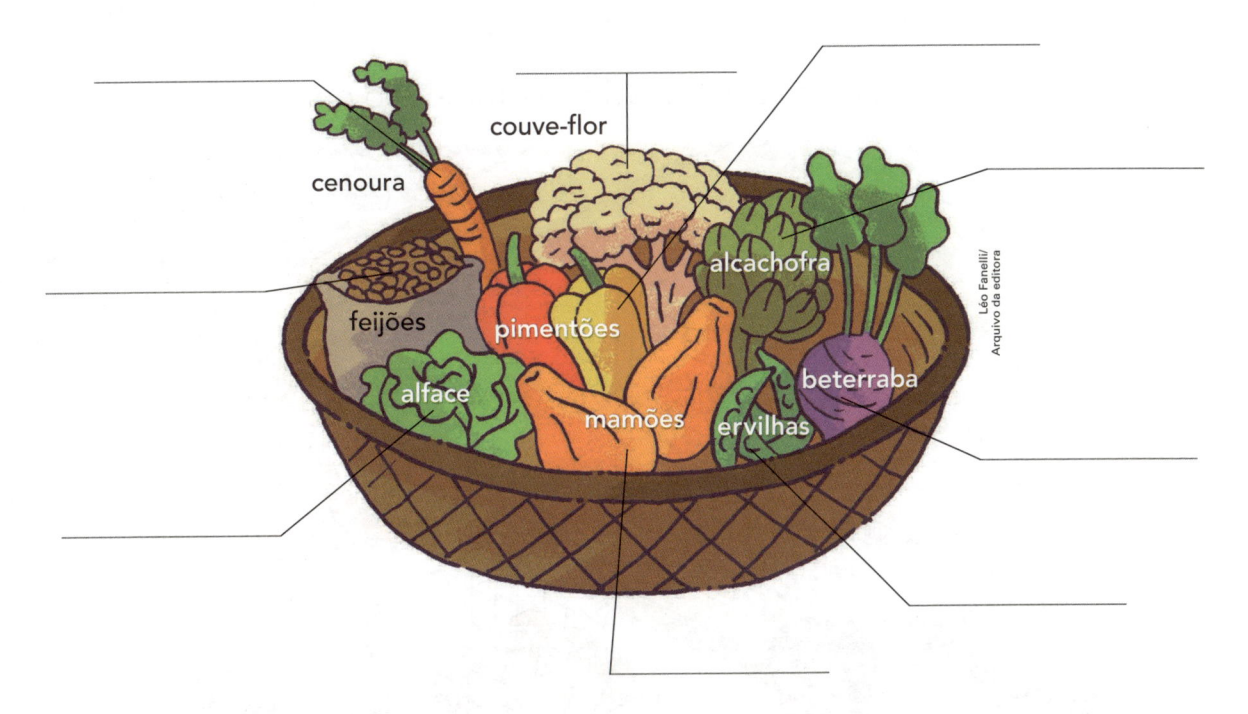

- cenoura
- couve-flor
- feijões
- pimentões
- alcachofra
- alface
- mamões
- ervilhas
- beterraba

7 Com mais dois colegas, faça um jogo de cartas dos vegetais usados na alimentação!

INSTRUÇÕES PARA JOGAR

- Façam o baralho dos vegetais: em cada carta desenhem ou colem a imagem de um vegetal usado em nossa alimentação.
- Peguem um dado e, em cada face dele, indiquem o nome de uma parte vegetal: raiz, caule, folha, flor, fruto e semente.
- Façam o jogo em trios. Cada jogador começa o jogo com cinco ou seis cartas. Em um monte, fica o restante das cartas do baralho.
- Quem for jogar lança o dado. O jogador deve, então, descartar suas cartas correspondentes à parte vegetal indicada no dado. Se não tiver nenhuma para descartar, deve "comprar" do monte até encontrar uma carta adequada.
- Ganha quem primeiro ficar sem nenhuma carta na mão.

VAMOS LER?
- *Verdura? Não!*. Claire Llewellyn e Mike Gordon. São Paulo: Scipione, 2008.

Nossas refeições

Você costuma comer mais alimentos de origem animal ou de origem vegetal?

1 Observe a imagem do supermercado e complete o quadro a seguir.

> Converse com os colegas: você conhece alimentos que, para serem preparados, utilizam produtos tanto de origem vegetal como de origem animal?

Alimentos de origem animal	Alimentos de origem vegetal

58 UNIDADE 2

2 Leia a primeira frase e observe o primeiro esquema montado. Depois, faça esquemas para as outras frases.

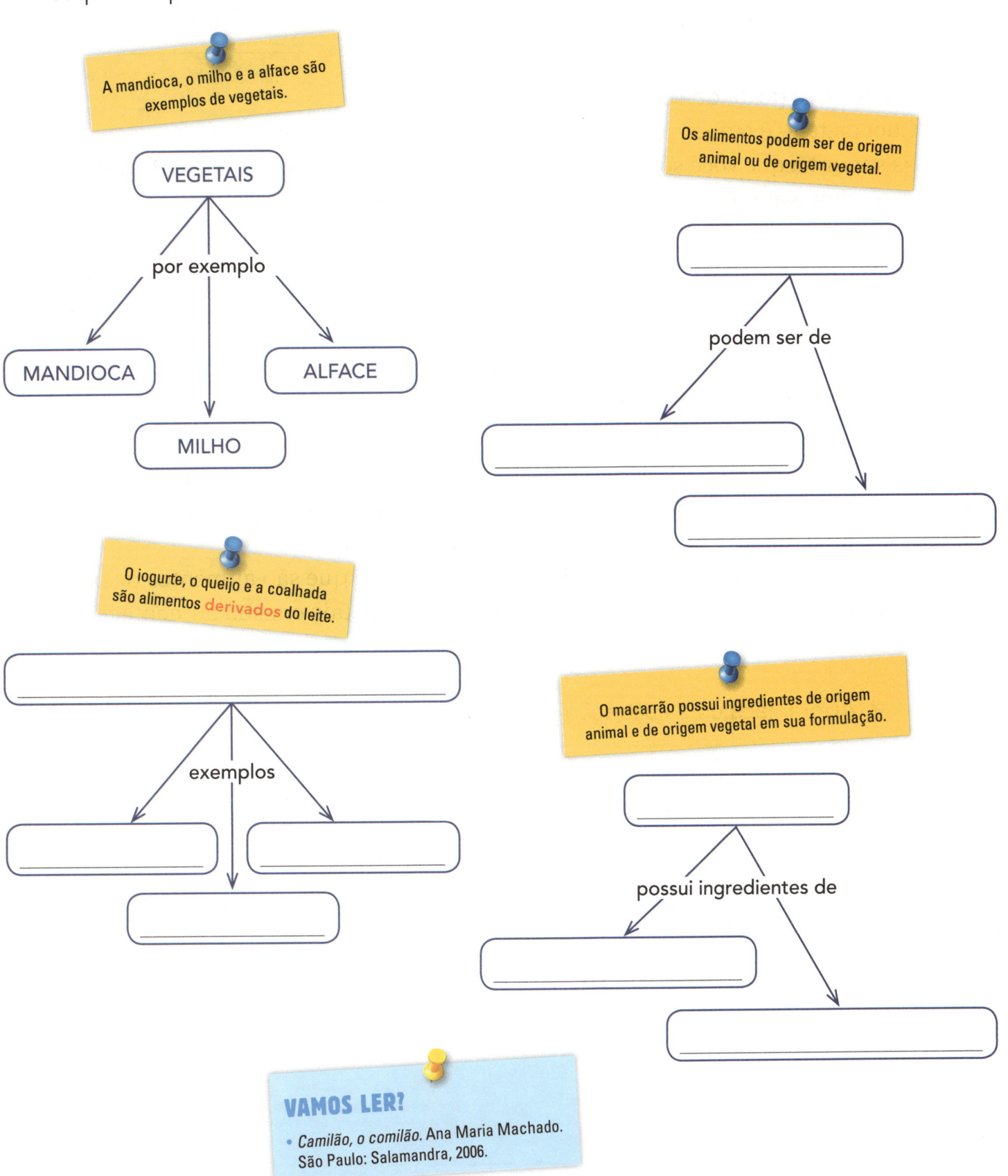

A mandioca, o milho e a alface são exemplos de vegetais.

VEGETAIS
por exemplo
MANDIOCA   ALFACE   MILHO

Os alimentos podem ser de origem animal ou de origem vegetal.

☐
podem ser de
☐   ☐

*O iogurte, o queijo e a coalhada são alimentos **derivados** do leite.*

☐
exemplos
☐   ☐   ☐

O macarrão possui ingredientes de origem animal e de origem vegetal em sua formulação.

☐
possui ingredientes de
☐   ☐

VAMOS LER?
- *Camilão, o comilão.* Ana Maria Machado. São Paulo: Salamandra, 2006.

CAPÍTULO 4   **59**

3 Leia o texto abaixo e dê um título para ele.

_____

– O que você gosta de comer?

– Chocolate! – é o que a maioria das crianças costuma dizer.

Mas suponha que você só comesse isso, e mais nada? Haveria um grande problema: comer só chocolate não "alimentaria" o seu corpo de forma equilibrada. Nutrientes poderiam começar a faltar no organismo! E isso afetaria a sua saúde.

Para termos uma refeição equilibrada, o ideal é ingerir uma boa variedade de alimentos. Uma maneira de fazer isso é comer alimentos de origem animal e de origem vegetal nas refeições.

Além disso, devemos incluir nas refeições diferentes partes de vegetais. E vale destacar: antes de ingerir vegetais, é necessário lavá-los muito bem.

Quando as pessoas comem um vegetal que não foi bem lavado, elas podem até ficar doentes. O mais comum é que tenham **diarreia**. Além de lavar os vegetais em água corrente, o mais recomendado é que, depois de lavados, os vegetais sejam deixados de molho em uma mistura de água e produtos à base de cloro.

Veja bem o que você anda comendo no dia a dia: será que são alimentos de origem animal e vegetal? Será que há uma diversidade de vegetais em sua alimentação?

4 Agora, faça uma ilustração para o texto acima.

5 Responda à pergunta inicial do texto: "O que você gosta de comer?".

6 Observe os pratos de comida a seguir. Depois, preencha o quadro, indicando os alimentos de origem animal e os alimentos de origem vegetal.

A

B

	Alimentos de origem animal	Alimentos de origem vegetal
Refeição A		
Refeição B		

7 Troque ideias com os colegas e explique: qual das refeições acima apresenta maior variedade de alimentos: a refeição **A** ou a refeição **B**? Explique por quê.

_____
_____
_____
_____

CAPÍTULO 4   **61**

Vamos ver de novo?

Neste capítulo analisamos refeições.

Vimos que um critério para fazer um bom prato de refeição é procurar contemplar uma variedade de alimentos de origem vegetal e animal.

Vimos também alguns exemplos de estruturas vegetais utilizadas em nossa alimentação: **sementes** (por exemplo, o feijão, a ervilha, o milho, o arroz, o gergelim, etc.), **folhas** (por exemplo, o alface, o agrião, a rúcula, a acelga, etc.), **raízes** (por exemplo, a mandioca, a cenoura, a beterraba, etc.) e **caules** (o palmito). Também podemos incluir em nossas refeições: **flores** (por exemplo, o brócolis, a couve-flor e a alcachofra) e **frutos** (por exemplo, a abobrinha, a berinjela, o tomate, etc.).

Esses vegetais geralmente são plantados em hortas. As hortas podem ser feitas em pequenos canteiros ou até mesmo em vasos. Depois de plantar as sementes e de cuidar do novo vegetal, podemos colhê-lo.

Que tal você plantar e colher algum vegetal que utilizamos na alimentação? E, depois de colher, vale lembrar uma dica importante: lave muito bem o vegetal antes de consumi-lo!

1 Responda com base no que você estudou neste capítulo:

a) Cite exemplos de vegetais dos quais comemos as raízes.

_____

b) Cite exemplos de vegetais dos quais comemos os frutos.

_____

c) "Para fazermos uma horta na escola precisamos de bastante espaço." Você concorda ou discorda dessa ideia? Explique.

_____

d) Qual pode ser um critério para fazer um bom prato de refeição?

_____

2 A cruzadinha já está resolvida. Complete cada item com as palavras apresentadas nela.

	F	O	L	H	A	S				F	
	R				R					L	
	U				Í					O	
	T			S	E	M	E	N	T	E	S
	O				S					S	
	S										

a) Do nabo, da cenoura e da beterraba comemos as _____.

b) Da couve-flor e do brócolis comemos as _____.

c) Do agrião e da rúcula comemos as _____.

d) Da berinjela e da abobrinha comemos os _____.

e) Da ervilha, do milho, da lentilha e do grão-de-bico comemos as _____.

CAPÍTULO 4   63

CAPÍTULO 5
Você na cozinha

Você já preparou alguma refeição?

O que já sei...

- Quem prepara as refeições na sua casa? Você ajuda de alguma maneira?
- Cite o nome de substâncias químicas das quais você já ouviu falar. Explique onde essas substâncias podem ser encontradas.

Atividade prática

Você consegue adivinhar qual é o alimento percebendo somente o seu sabor?

- Separe pedaços iguais de diferentes alimentos: queijo, batata cozida, maçã, pera, etc.
- Encoste um alimento por vez na língua de um colega que deve estar de olhos vendados.
- Peça ao colega que adivinhe o alimento que está sendo colocado na boca. Será que ele acerta?
- Ainda de olhos vendados, convide o colega a tapar o nariz. Ele consegue adivinhar os alimentos?

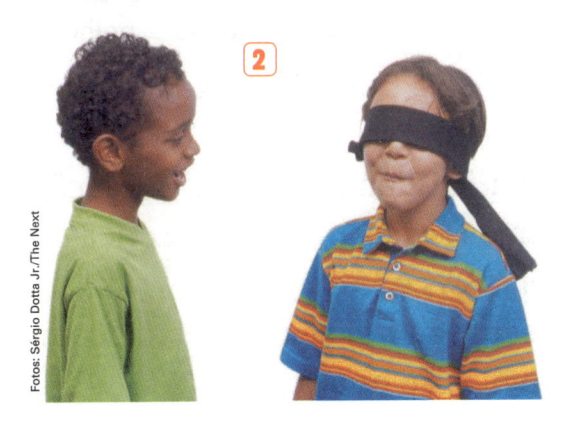

Fotos: Sérgio Dotta Jr./The Next

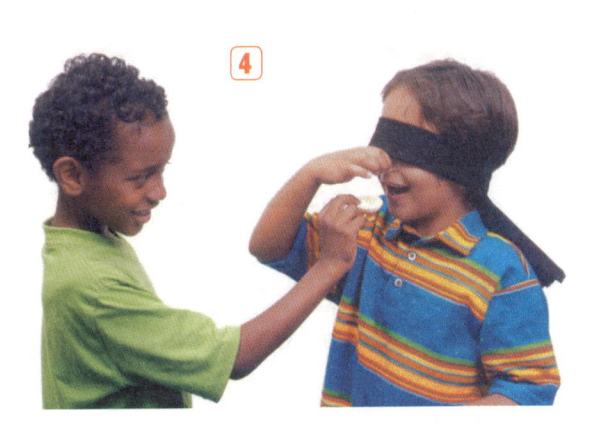

VAMOS LER?
- *O sabor das especiarias.* Ana Maria Magalhães e Isabel Alçada. São Paulo: Scipione, 2000.

CAPÍTULO 5 **65**

Experiências na cozinha

1 Leia o texto e reflita: como é que sentimos o gosto dos alimentos?

Hora da leitura

Comer: um conjunto de sensações

Você já se perguntou como é que podemos sentir o gosto dos alimentos? E por que muitas pessoas tapam o nariz para engolir coisas de que não gostam?

Para responder a essas perguntas, observe sua língua bem de perto com um espelho. Repare que ela é toda cheia de "pontinhos": são as **papilas gustativas**.

Quando você come, veja só o que acontece:

1. o alimento se dissolve na saliva;
2. ele encosta, então, nas papilas gustativas;
3. a partir disso, os quatro sabores básicos dos alimentos podem ser identificados: doce, amargo, salgado e azedo.

Mas isso não é tudo: o cheiro também influencia na identificação dos sabores. Você já reparou que, quando estamos resfriados e o nariz fica tapado, os alimentos parecem não ter muito sabor? Pois é.

Bom, agora que você já conhece esse segredo vai ser mais fácil comer ou beber algo de que não goste muito: tape o nariz e boa sorte!

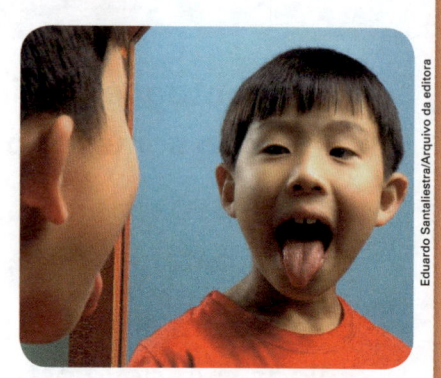

Menino examinando a língua em frente ao espelho.

2 Agora, responda:

a) Quais são os quatro sabores básicos dos alimentos?

b) Como é que sentimos o gosto dos alimentos?

c) Por que muitas pessoas tapam o nariz para comer ou beber algo de que não gostam?

3 Leia a história em quadrinhos e dê um título para ela.

_____

- Ufa! Que calor! Renato, que tal fazer uma limonada?
- Pode deixar que eu pego o açúcar!
- E eu espremo os limões.
- Que bom que vocês vieram lanchar aqui em casa hoje!
- Nossa! O que está acontecendo?
- A limonada ficou **efervescente**!
- Quantas bolhas!

4 Em uma folha avulsa, termine de desenhar o último quadrinho da história. Represente como você imagina que a limonada ficou.

Troque ideias com os colegas: quais os produtos que Renato pode ter colocado na limonada para que ela ficasse daquele jeito?

CAPÍTULO 5 **67**

5 Com os colegas, faça uma limonada e divida-a em copos pequenos. Em cada copo adicione uma colher de sobremesa do produto que você for testar (por exemplo, açúcar, sal, sal de frutas, fermento químico, etc.). Com que produto(s) a limonada fica efervescente?

6 Relate o que você observou respondendo "sim" ou "não" no quadro abaixo. Complete com outros itens que você tenha usado em seu experimento.

Coloquei na limonada	A limonada ficou efervescente?
Açúcar	
Sal	
Sal de frutas	
Fermento químico	

7 Leia o texto e reflita: o que é uma reação química?

Hora da leitura

Uma reação efervescente

O que você achou da limonada de Renato?

Não é curioso que ela tenha ficado efervescente?

E o mais interessante é que isso que aconteceu com ele poderia ter acontecido também com você!

No final das contas, Renato deve ter colocado sal de frutas ou fermento químico na limonada.

Quando um desses produtos é colocado na limonada, surge algo que antes não existia ali: bolhas de gás carbônico. São essas bolhas que deixam a limonada com o aspecto efervescente.

É por isso que podemos dizer que Renato provocou uma reação química. Afinal, ele desencadeou o aparecimento de uma substância que antes não existia ali.

Um feito memorável para um cozinheiro iniciante, você não acha?

8 Complete o texto dos balões de fala que representam o que essas crianças discutiam, após terem feito a limonada ficar efervescente.

- Quando colocamos _____ químico, surgem bolhas.
- Também borbulha quando acrescentamos _____.
- A limonada fica efervescente quando nela aparecem _____.

Consulte a sua tabela e verifique se você obteve dados coerentes com o que as crianças da imagem disseram.

CAPÍTULO 5 69

Substâncias químicas no dia a dia

O que o sal de frutas e o fermento químico têm em comum que faz a limonada efervescer?

1 Observe o rótulo da embalagem do sal de frutas e do fermento químico e, em seguida, responda às perguntas.

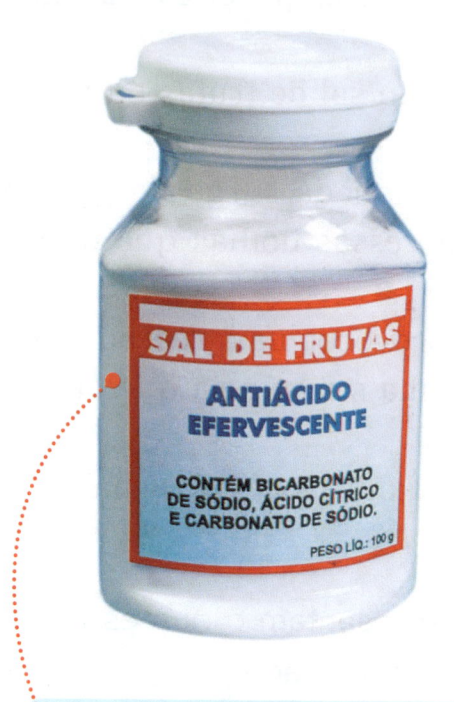

Contém: bicarbonato de sódio, ácido cítrico e carbonato de sódio.

Contém: amido de milho, fosfato monocálcico e bicarbonato de sódio.

a) O que o sal de frutas contém?

_____

_____

b) O que o fermento químico contém?

_____

_____

c) Existe algo em comum na composição do fermento e do sal de frutas?

_____

2 Leia as embalagens dos produtos abaixo e cite três substâncias que aparecem em sua composição.

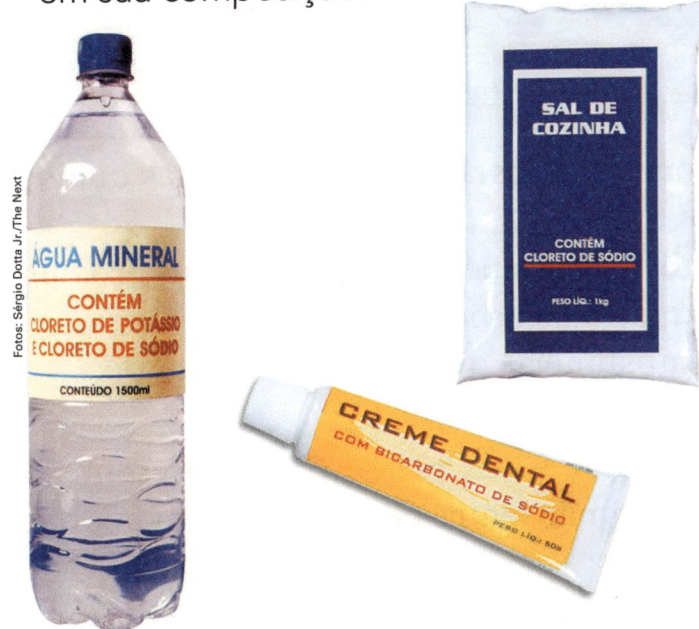

Água mineral — Contém cloreto de potássio e cloreto de sódio — Conteúdo 1500ml

Sal de cozinha — Contém cloreto de sódio — Peso líq.: 1kg

Creme dental com bicarbonato de sódio — Peso líq.: 50g

_____
_____
_____
_____
_____
_____
_____
_____

3 Pesquise embalagens de diferentes produtos e traga para a sala de aula. Depois, preencha o quadro-resumo ao lado. Na coluna da esquerda, indique o nome do produto. Na coluna da direita, escreva o nome de substâncias que o produto contém. Veja o exemplo.

Nome do produto	Substâncias que o produto contém
Creme dental	Bicarbonato de sódio

Mural da turma

Organize com os colegas o **Mural da composição química de produtos do dia a dia**. Fixe no mural os rótulos das embalagens de diferentes produtos e escreva uma legenda para cada um, explicando de que produto se trata e que substâncias ele contém.

CAPÍTULO 5 **71**

4 Leia o texto e depois dê um título para ele.

Será que você seria capaz de dizer o nome de substâncias químicas das quais já ouviu falar?

Neste capítulo mencionamos algumas substâncias que estão presentes em produtos do nosso dia a dia: a água, o cloreto de sódio e o bicarbonato de sódio.

Que tal conhecer outros exemplos de substâncias químicas?

1. O oxigênio está no ar que respiramos.
2. Já o ácido ascórbico, mais conhecido pelo nome de **vitamina** C, está presente em alimentos como tomate, acerola, laranja e limão, entre outros. Também pode ser encontrado à venda nas farmácias.
3. Quanto ao amido, trata-se de uma substância química que existe em grande quantidade em alimentos como o arroz e o macarrão.
4. O gás carbônico é um gás que existe no ar e que é adicionado aos refrigerantes e a diferentes bebidas gaseificadas.
5. O ácido clorídrico é uma substância encontrada, por exemplo, em alguns produtos de limpeza.

Daqui para a frente, fique atento aos rótulos dos produtos de sua casa. Lendo esses rótulos, você vai saber que substâncias existem em sua composição.

5 A cruzadinha já está resolvida. Escreva frases que indiquem onde encontramos cada item da cruzadinha nos espaços a seguir.

a) G
b) BICARBONATO*DE*SÓDIO
c) CLORETO*DE*SÓDIO
d) ÁCIDO*ASCÓRBICO
e) AMIDO
f) OXIGÊNIO

Coluna a): GÁS*CARBÔNICO

a) _____

b) _____

c) _____

d) _____

e) _____

f) _____

Vamos ver de novo?

Neste capítulo vimos que os quatro sabores básicos são: doce, amargo, salgado e azedo. Podemos sentir um desses sabores básicos ao encostar o alimento em nossa língua.

Além disso, o cheiro influencia bastante na sensação de sabor que nós temos. É por isso que, quando comemos com o nariz tapado, nossa percepção do sabor dos alimentos é alterada.

Aprendemos também que, quando uma reação química ocorre, são produzidas substâncias diferentes das que existiam antes.

É isso o que acontece quando sal de frutas ou fermento químico é colocado no suco de limão. Surgem bolhas de gás carbônico.

Ao analisar os rótulos das embalagens de diferentes produtos, podemos descobrir quais são as substâncias químicas que os compõem.

É o caso do bicarbonato de sódio, encontrado no fermento químico e no sal de frutas. É essa substância que reage com o suco de limão e promove o surgimento do gás carbônico.

Outro exemplo de substância química é o cloreto de sódio, encontrado no sal de cozinha e em certas águas minerais.

Explore as embalagens de diferentes produtos que existem em sua casa e na escola e avalie: quais as substâncias que eles contêm?

74 UNIDADE 2

1 Responda com base no que você estudou neste capítulo:

a) Como sentimos os sabores básicos dos alimentos?

_____

b) Quando o sal de frutas é colocado em um suco de limão, ocorre uma reação química ou não? Explique a sua resposta.

_____

c) Onde podemos encontrar cloreto de sódio?

_____

2 Você conhece o sabor de quais alimentos? Associe cada alimento do banco de palavras com o seu sabor básico: doce, amargo, salgado ou azedo.

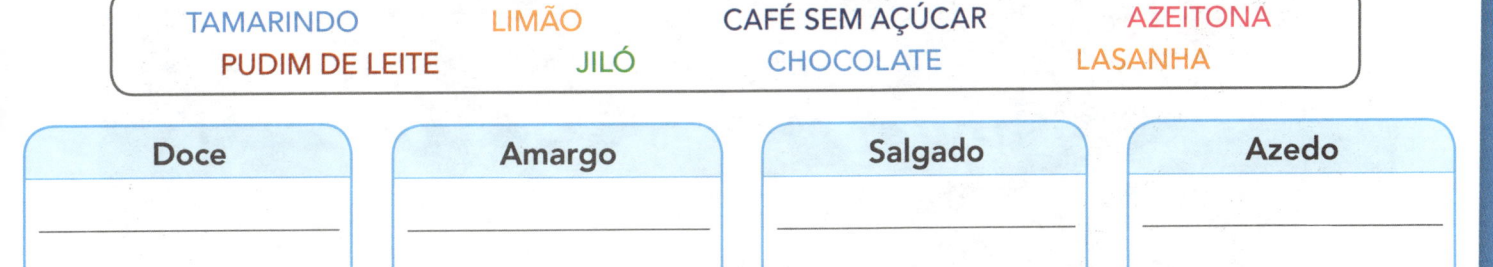

| TAMARINDO | LIMÃO | CAFÉ SEM AÇÚCAR | AZEITONA |
| PUDIM DE LEITE | JILÓ | CHOCOLATE | LASANHA |

Doce	Amargo	Salgado	Azedo

3 Leia a história em quadrinhos, que mostra uma personagem que aprecia comer.

4 Agora é a sua vez! Em uma folha avulsa, faça uma história em quadrinhos revelando o que você aprecia comer e o que você sabe fazer na cozinha. Na sua história, procure mencionar exemplos usados neste capítulo.

CAPÍTULO 6
Transformações e a química

Que transformações podem ocorrer com os alimentos?

O que já sei...

- Troque ideias com os colegas: por quais transformações os alimentos podem passar na cozinha?

- Em uma folha avulsa, faça um desenho de um alimento estragado: como fica o aspecto dele?

- Você sabe de onde se obtém o plástico? Debata com os colegas: como seria o mundo se não existissem materiais como o plástico?

Atividade prática

Que tal investigar o que pode favorecer que os alimentos estraguem?

- Separe duas fatias de pão.
- Despeje um pouco de água sobre uma delas, deixando-a bastante úmida, porém não encharcada. Não faça nada com a outra.
- Coloque cada fatia de pão em um saco plástico transparente, com um pequeno algodão úmido e deixe-as em um local fresco. Com uma etiqueta, identifique cada saco plástico.
- Mantenha o algodão umedecido. Observe o que acontece com cada fatia de pão depois de alguns dias. Qual delas estraga mais rapidamente?

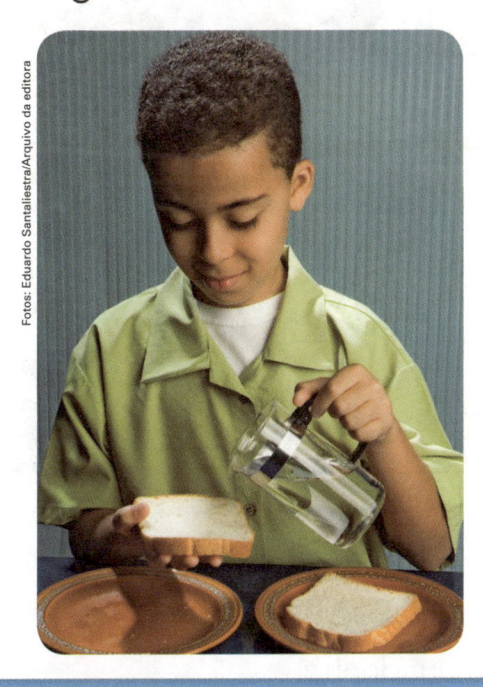

CAPÍTULO 6 **77**

Reversível ou irreversível?

Existe uma transformação pela qual os alimentos passam e de que nós não gostamos nem um pouco. Você sabe que transformação é essa?

1 Leia esta história em quadrinhos e complete-a com o que se pede logo abaixo:

a) Dê um título para a história.

b) Complete o boxe do narrador no segundo quadrinho.

c) Escreva a fala da menina no quarto quadrinho.

78 UNIDADE 2

2 Leia o texto a seguir e, depois, responda às questões.

📖 Hora da leitura

De olho nos alimentos

O que acontece quando uma fruta apodrece?

Seu cheiro fica forte e desagradável para nós, a consistência fica diferente, a cor muda. Tudo isso é sinal de que a fruta está se decompondo.

A decomposição se relaciona à ação de seres vivos: alguns tipos de fungos e bactérias são **decompositores**. Com umidade e calor, a ação desses seres vivos é maior.

É por isso que na atividade que você fez a fatia de pão mais úmida apodreceu mais rapidamente. É por isso também que uma fatia de pão torrada demora para estragar: ela é muito seca.

Daqui para a frente, fique atento e observe se os alimentos estão em condição de consumo e se não começaram a estragar.

Evite também fazer como Maria, que esqueceu sua comida dentro da lancheira. Lembre-se sempre de manter os alimentos guardados em condições adequadas!

Pão apodrecendo.

Abóbora apodrecendo.

a) Explique com suas palavras: o que é decomposição?

_____

_____

b) Depois de alguns dias, as torradas do lanche da Maria, na história em quadrinhos, não haviam estragado. Por que será que isso aconteceu?

_____

_____

CAPÍTULO 6   **79**

Existem várias outras transformações que podem ocorrer na cozinha.

3 Descreva em detalhes o que acontece em cada situação.

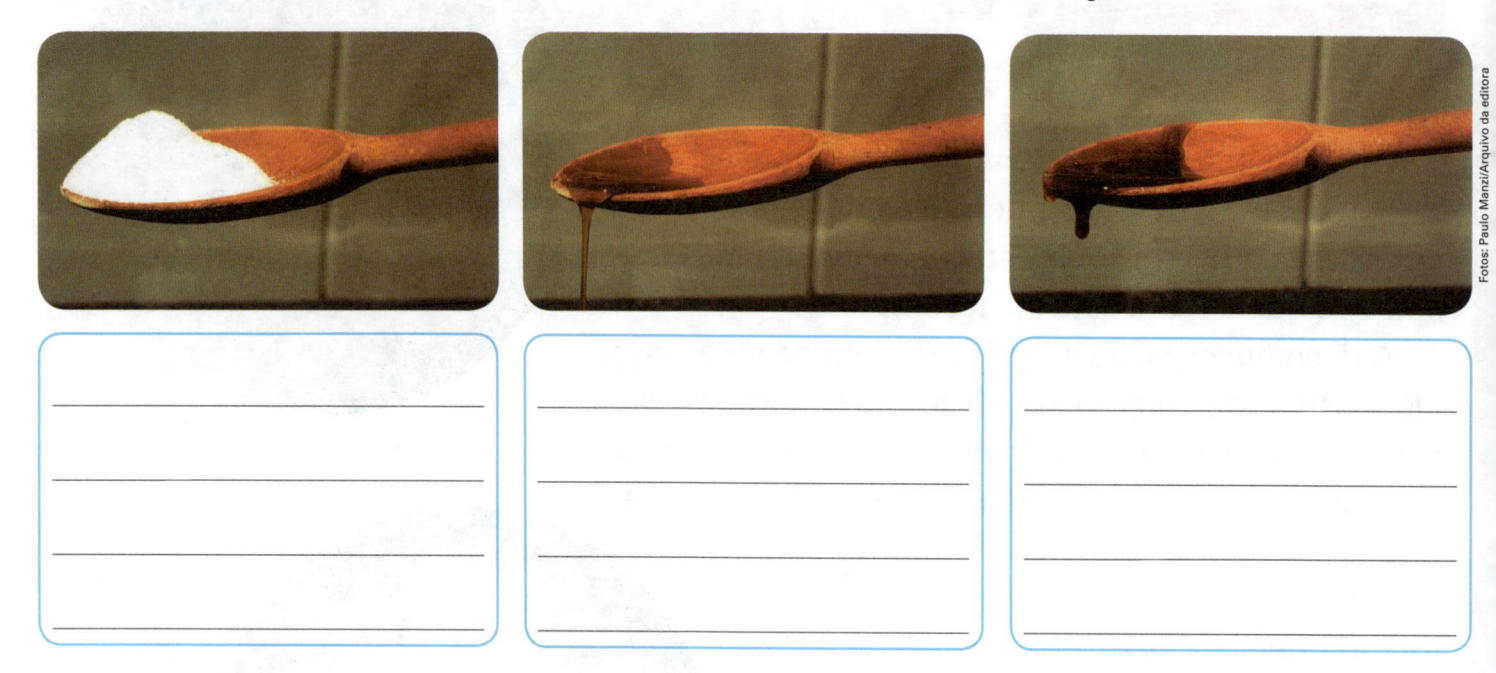

_____   _____   _____
_____   _____   _____
_____   _____   _____
_____   _____   _____

4 Agora, observe a sequência de fotos e complete o quadro abaixo.

9h   9h30min   11h

Horário	Aparência da água
9h	
9h30min	
11h	

80 UNIDADE 2

5 Leia o texto a seguir e, em uma folha avulsa, faça uma ilustração sobre ele.

Hora da leitura

Um mundo em transformação

Você já observou quantas coisas se transformam à nossa volta à medida que o tempo passa?

Algumas transformações podem ser rápidas: é o caso do açúcar que vira caramelo, ou do gelo que vira água líquida.

Outras transformações demoram um pouco mais para ocorrer. Por exemplo, os objetos de ferro enferrujarem, os objetos de madeira apodrecerem, os alimentos estragarem.

Nesta foto podemos observar os processos de enferrujamento do metal e de apodrecimento da madeira.

Algumas transformações são reversíveis: como é o exemplo do gelo, que derrete e volta a ser água líquida. Outras são irreversíveis: como é o exemplo da calda de caramelo, que jamais volta a ser açúcar.

Este é o mundo em que vivemos. Um mundo repleto de transformações.

6 Você concorda ou discorda do que as crianças abaixo estão dizendo? Escreva sua opinião no espaço abaixo, argumentando em favor dela.

- A transformação do açúcar em calda de caramelo é irreversível.
- A transformação do gelo em água líquida também é irreversível?
- Eu acho que deve haver algum jeito de o caramelo voltar a ser açúcar.

VAMOS LER?
- *O pequeno alquimista e o elixir da longa vida.* Marcio Trigo. São Paulo: Ática, 2010.

_____
_____
_____

Do natural ao sintético

Pelas transformações de materiais e substâncias, o ser humano pode inventar materiais novos, que não existem na natureza. Conheça alguns exemplos no texto a seguir.

1 Leia o texto abaixo e, depois, dê um título para ele.

_____

Você sabe de onde vêm alguns materiais utilizados para construir casas, confeccionar roupas e fabricar objetos do dia a dia?

Há muito, muito tempo, a resposta era simples: utilizávamos os materiais encontrados diretamente na natureza. Por exemplo: madeira, pedra, pele de animais, algodão, etc.

Mas hoje em dia a resposta é bem diferente. Utilizamos materiais encontrados diretamente na natureza e também materiais inventados pelo ser humano.

Atualmente, novos materiais como o **PVC** são muito utilizados nos encanamentos. O PTFE (mais conhecido como **teflon**) é frequentemente usado como antiaderente em panelas. O PET e o vidro costumam ser empregados na confecção de garrafas. Já o **náilon** e a laicra estão em muitas de nossas roupas.

E, por trás do desenvolvimento desses novos materiais, está a Química! Foi por meio do crescente domínio das transformações químicas que o ser humano conseguiu, ao longo do tempo, inventar novos materiais, utilizando matérias-primas encontradas na natureza.

---

2 Com base na leitura do texto, complete o esquema a seguir:

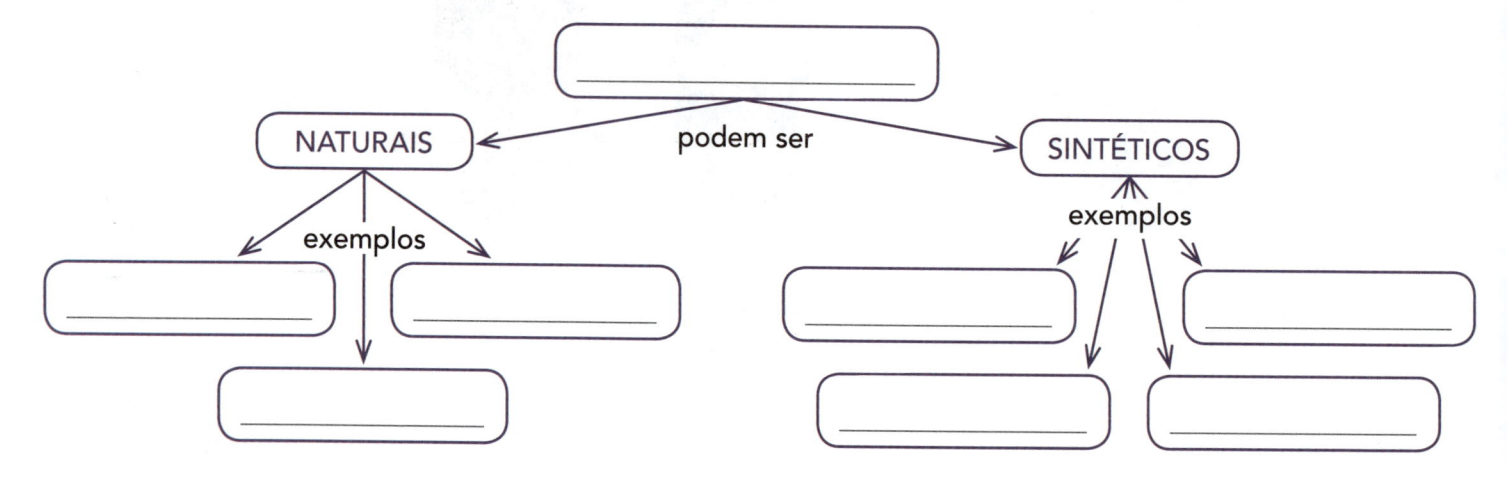

82 UNIDADE 2

3 Preencha o quadro abaixo, a fim de comparar os objetos usados antigamente com os de hoje. Utilize os termos do banco de palavras.

> REVESTIMENTO DE PTFE (*TEFLON*)   PVC   PLÁSTICO
> PET   NÁILON

Objeto	De que era feito antigamente	De que é feito hoje
Encanamento	Cobre ou ferro	_____
Forminha de gelo	Metal, como o alumínio	_____
Frigideira	Metal, como o ferro	_____
Roupa	Algodão	_____
Garrafa	Vidro	_____

CAPÍTULO 6   **83**

4 Diferentes produtos químicos são lançados e disponibilizados para venda em supermercados, farmácias, etc. Eles podem ser bastante úteis. Mas eles também podem oferecer certos riscos! Observe o rótulo da embalagem ao lado.

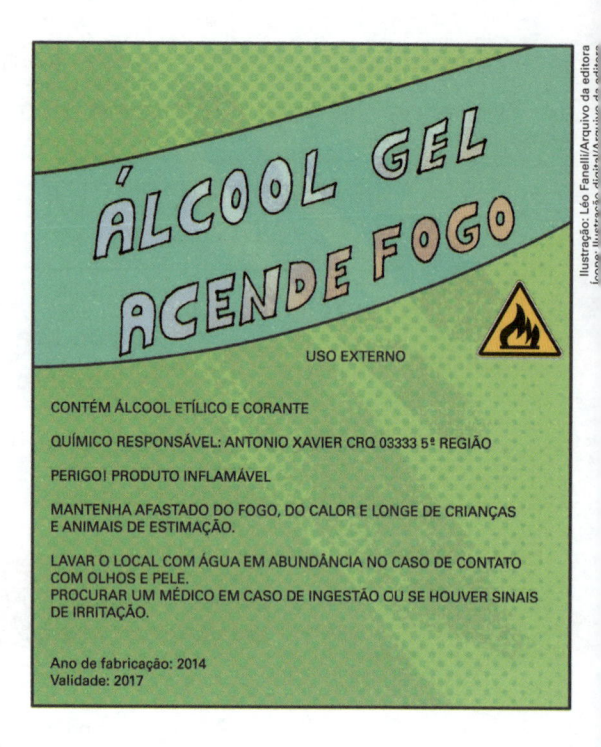

ÁLCOOL GEL ACENDE FOGO

USO EXTERNO

CONTÉM ÁLCOOL ETÍLICO E CORANTE

QUÍMICO RESPONSÁVEL: ANTONIO XAVIER CRQ 03333 5ª REGIÃO

PERIGO! PRODUTO INFLAMÁVEL

MANTENHA AFASTADO DO FOGO, DO CALOR E LONGE DE CRIANÇAS E ANIMAIS DE ESTIMAÇÃO.

LAVAR O LOCAL COM ÁGUA EM ABUNDÂNCIA NO CASO DE CONTATO COM OLHOS E PELE.
PROCURAR UM MÉDICO EM CASO DE INGESTÃO OU SE HOUVER SINAIS DE IRRITAÇÃO.

Ano de fabricação: 2014
Validade: 2017

5 Responda:

a) Quais são as substâncias que esse produto contém?

_____

b) O que significa o símbolo 🔥 encontrado nesse rótulo?

_____

c) O que deve ser feito em caso de acidentes com o produto?

_____

_____

> Analise os rótulos de diferentes produtos e faça fichas para descrevê-los, indicando o nome, para que ele serve, como utilizá-lo e quais cuidados tomar.

6 Associe os símbolos abaixo com a legenda que representa cada um deles.

1 ☐ Corrosivo: que corrói, consome, gasta, destrói.

2 ☐ Inflamável: que pode converter-se em chamas.

3 ☐ Tóxico: aquilo que envenena.

Ao analisar as embalagens de produtos utilizados no dia a dia, você deve ter observado que nelas vem indicado o nome do técnico ou do químico responsável.

7 Leia a entrevista a seguir e conheça um pouco sobre essa profissão. Durante a sua leitura sublinhe:

— de azul exemplos de substâncias e materiais inventados pelo ser humano;
— de vermelho o que você pode fazer para contribuir para que não ocorra poluição por indústrias químicas.

Com a palavra...

O que faz um químico?

O químico investiga processos que ocorrem na natureza, estuda reações químicas que produzem energia (como a queima de combustíveis, as reações nas pilhas e baterias) e também pesquisa e desenvolve novos materiais.

Você pode dar exemplos de substâncias e materiais inventados pelos químicos?

Os plásticos, como o PVC, e o PET das garrafas de refrigerante, o **acrílico**, o náilon, o PTFE (conhecido como *teflon*). Há também os medicamentos desenvolvidos pelos químicos.

Maria Eunice Ribeiro Marcondes é uma profissional da área de Química.

O desenvolvimento da química sempre traz benefícios para o ser humano?

Certamente, o dia a dia das pessoas é facilitado pelo uso desses novos materiais. Os copos e as seringas descartáveis são exemplos disso. A química também permitiu o desenvolvimento de vários remédios. Mas muitas indústrias químicas acabam contribuindo para o aumento da poluição.

E o que se pode fazer para que isso ocorra menos?

O químico pode contribuir desenvolvendo processos e produtos menos poluentes. As indústrias podem ajudar se aproveitarem os **resíduos** dos processos industriais e deixarem de lançar no ambiente substâncias agressivas à natureza. Os cidadãos devem fiscalizar tudo, evitar o consumo sem necessidade, não comprar produtos de indústrias poluidoras e reaproveitar alguns materiais.

Vamos ver de novo?

Neste capítulo estudamos diferentes transformações. Vimos que os alimentos estragam pela ação de seres vivos, como fungos e bactérias. Com umidade e calor, o processo de decomposição é mais intenso.

Vimos que algumas transformações são irreversíveis, por exemplo, quando cozinhamos o açúcar e fazemos a calda de caramelo. Outras são reversíveis, como quando o gelo se transforma em água líquida. Além disso, algumas transformações são rápidas, enquanto outras podem ser bem mais lentas (é o caso do enferrujamento).

Por meio do crescente domínio das transformações químicas, o ser humano conseguiu, ao longo do tempo, inventar materiais a partir de matérias-primas encontradas na natureza. Existem vários exemplos: a laicra e o náilon, usados em roupas; o PVC, usado em encanamentos; o PET, usado em garrafas de refrigerantes; o PTFE ou *teflon*, usado em panelas.

Os químicos são profissionais que estudam processos que ocorrem na natureza, como as reações químicas, e que, entre outras coisas, pesquisam e desenvolvem novos materiais.

Há muitos produtos da indústria química em nossos lares, como os de higiene, de limpeza e os remédios. Nas embalagens desses produtos, encontramos o nome do técnico ou químico responsável, bem como indicações dos possíveis riscos associados ao uso do produto.

Símbolos especiais podem ser usados para designar determinados riscos, como: corrosivo, inflamável e tóxico. Esteja atento à presença desses símbolos antes de usar os produtos em sua casa e na escola.

86 UNIDADE 2

1 Responda com base no que você estudou neste capítulo:

a) O que faz com que os alimentos estraguem?

_____

_____

b) Todas as transformações que ocorrem na natureza são reversíveis? Explique sua resposta.

_____

_____

2 Analise as frases. Indique com **C** a correta e com **E** a errada, reescrevendo da forma correta:

☐ Para fazer diferentes objetos o ser humano usa somente produtos que já existem prontos na natureza.

☐ Reações químicas são processos de transformação rápidos.

_____

_____

3 Complete a cruzadinha com o nome de substâncias e materiais inventados pelo ser humano.

```
        Á _ I _ O _
              A
              I
        _ V _
    P _ E _ R _
        T
```

CAPÍTULO 6 **87**

Trançando saberes

1 Leia a letra da canção que tem o nome de diversos vegetais que utilizamos em nossa alimentação.

Pomar

Banana bananeira
Goiaba goiabeira
Laranja laranjeira
Maçã macieira
Mamão mamoeiro
Abacate abacateiro
Limão limoeiro
Tomate tomateiro
Caju cajueiro
Umbu umbuzeiro
Manga mangueira
Pera pereira
Amora amoreira
Pitanga pitangueira
Figo figueira
Mexerica mexeriqueira
Açaí açaizeiro
Sapoti sapotizeiro
Mangaba mangabeira
Uva parreira
Coco coqueiro
Ingá ingazeiro
Jambo jambeiro
Jabuticaba jabuticabeira

Fonte: Paulo Tatit e Edith Derdyk. CD *Canções de brincar*. Coleção Palavra Cantada, 1996.

2 Resolva o enigma matemático. Depois, em uma folha à parte, faça uma lista de todas as frutas citadas no texto em ordem alfabética.

> São 6 estrofes
> Cada estrofe com 4 versos
> Se cada verso uma planta tem
> Quantas plantas o texto todo contém?

3 Se cada letra equivale ao número que é a sua posição no alfabeto, preencha o quadro com o nome da planta e, depois, monte e resolva as expressões numéricas. Siga o exemplo mostrado na primeira linha do quadro:

1	2	3	4	5	6	7	8	9	10	11	12	13
A	B	C	D	E	F	G	H	I	J	K	L	M
14	15	16	17	18	19	20	21	22	23	24	25	26
N	O	P	Q	R	S	T	U	V	W	X	Y	Z

Nome da fruta	Nome da planta	Expressão numérica	Total
CAJU	Cajueiro	3 + 1 + 10 + 21	35
JACA			
UMBU			
CEREJA			
PITANGA			

89

O que estudamos

UNIDADE 2

Nesta unidade você viu que:

- diferentes partes dos vegetais compõem nossa dieta alimentar;
- os alimentos podem passar por transformações;
- as substâncias químicas estão presentes em vários produtos que usamos no dia a dia.

▪ Complete os esquemas que começaram a ser feitos por alunos que estavam estudando os capítulos 4, 5 e 6 deste livro. Para isso, use os termos e as expressões do banco de palavras.

SALGADO	TOMATE	RAIZ	DOCE	TRANSFORMAÇÕES
CALOR	ÁGUA	BICARBONATO DE SÓDIO	CARNE	FRUTO
ALIMENTOS	FOLHA	DECOMPOSIÇÃO	VEGETAIS	AÇÚCAR	BRÓCOLIS

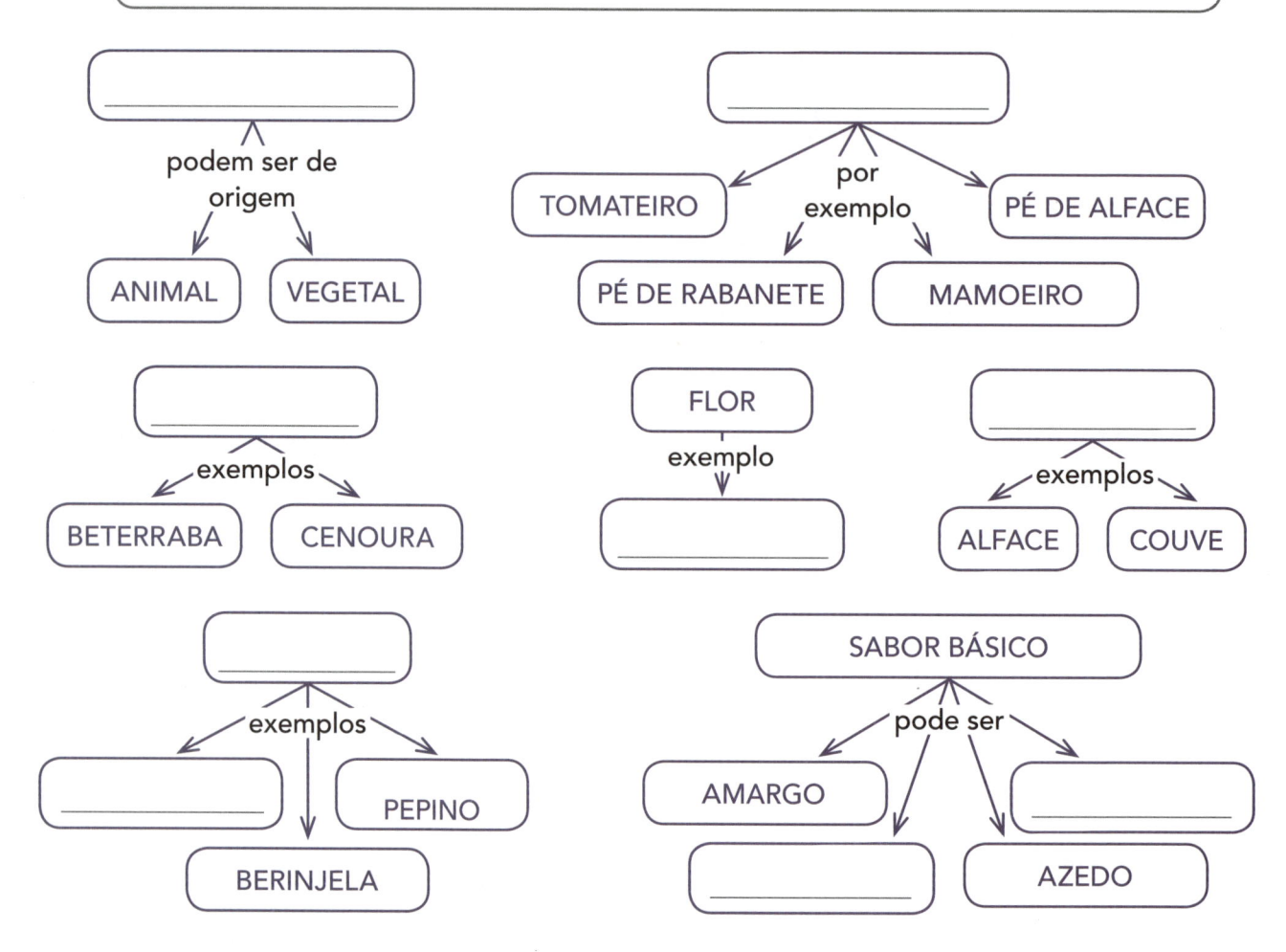

Esquema 1: _____ podem ser de origem → ANIMAL / VEGETAL

Esquema 2: _____ por exemplo → TOMATEIRO / PÉ DE RABANETE / PÉ DE ALFACE / MAMOEIRO

Esquema 3: _____ exemplos → BETERRABA / CENOURA

Esquema 4: FLOR exemplo → _____

Esquema 5: _____ exemplos → ALFACE / COUVE

Esquema 6: _____ exemplos → _____ / PEPINO / BERINJELA

Esquema 7: SABOR BÁSICO pode ser → AMARGO / _____ / AZEDO

90

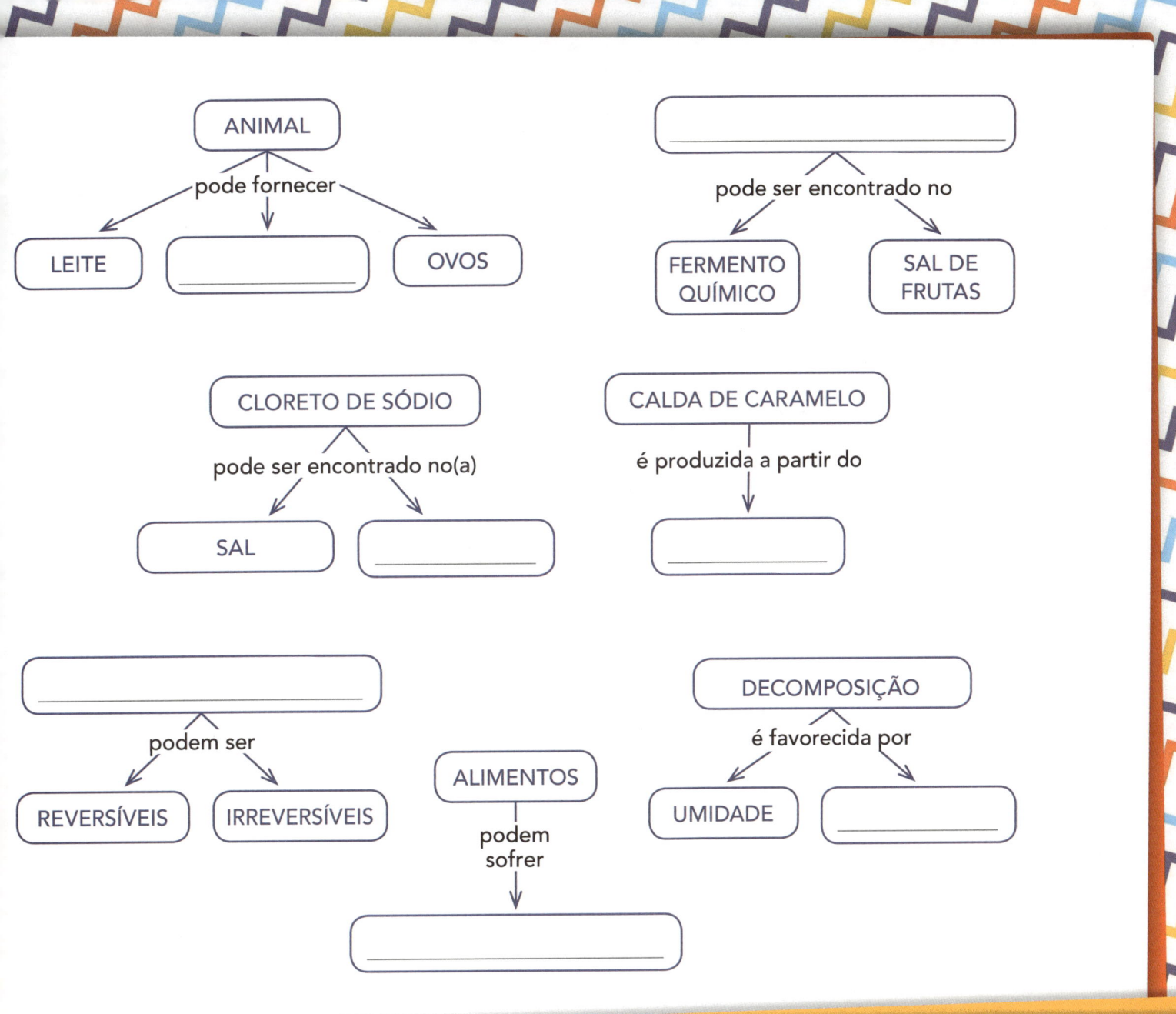

```
                ANIMAL                                    _____
              pode fornecer                            pode ser encontrado no
        ↙         ↓         ↘                          ↙              ↘
     LEITE    _____    OVOS                  FERMENTO          SAL DE
                                                  QUÍMICO          FRUTAS


         CLORETO DE SÓDIO                        CALDA DE CARAMELO
        pode ser encontrado no(a)                é produzida a partir do
           ↙         ↘                                    ↓
         SAL      _____                           _____


   _____                              DECOMPOSIÇÃO
      podem ser                                   é favorecida por
     ↙         ↘                 ALIMENTOS         ↙         ↘
 REVERSÍVEIS  IRREVERSÍVEIS       podem         UMIDADE    _____
                                  sofrer
                                    ↓
                             _____
```

Folheie as páginas anteriores e reflita sobre valores, atitudes e o que você sentiu e aprendeu nesta unidade:

- Dos alimentos que foram mostrados, quais você escolheria para comer? Por quê?
- Você gostou de aprender quais são os símbolos para corrosivo, tóxico e inflamável? No seu dia a dia, qual pode ser a importância de saber isso?
- Você já pensou em, quando for mais velho, estudar a fundo Química? Qual a sua opinião sobre essa profissão?

UNIDADE 3

O tempo passa

CAPÍTULO 7
Dos lampiões às lâmpadas e sombras

Como as sombras se formam?

94 UNIDADE 3

O que já sei...

- Você sabe fazer sombras? Explique o que é necessário para fazê-las.

- Você já esteve em algum ambiente no qual a iluminação era feita por algo diferente de lâmpadas elétricas?

- Como você acha que seria a sua vida se, durante a noite, não houvesse a luz das lâmpadas?

Atividade prática

Que tal brincar de fazer sombras com seus colegas?

- Escolham uma fonte de luz: pode ser uma lanterna ou um abajur.
- Em seguida, escolham um local escuro ou com pouca luz.
- Acendam a fonte de luz.
- Posicionem as mãos entre a fonte de luz e a parede.
- Movimentem suas mãos de maneira a fazer as mais diferentes sombras.

Fotos: Eduardo Santaliestra/Arquivo da editora

Iluminando diferentes corpos

Você já pensou como era viver em uma época em que não havia lâmpadas elétricas, nem nas casas nem nas ruas?

1 Observe as imagens. Complete os espaços das legendas usando os termos do banco de palavras.

> LAMPIÃO A GÁS   VELA   CANDEEIRO A QUEROSENE   LUZ ELÉTRICA

Mulher lê livro à luz de _____, em foto de 1898.

Trabalhador acende _____ em rua de Londres, na Inglaterra, em 1866.

Casal escreve sob luz de _____, em foto de 1960.

Igreja da Candelária, no Rio de Janeiro, iluminada por _____, em foto de 2012.

96 UNIDADE 3

2 Leia o texto e sublinhe as palavras que indicam as diferentes formas de iluminação usadas ao longo do tempo.

Hora da leitura

Uma breve história da iluminação

Como os ambientes eram iluminados quando não existiam as lâmpadas?

Usando-se a luz proveniente do fogo. Esse é o princípio básico de funcionamento de velas e de lampiões até hoje.

A vela é um invento muito antigo. Acredita-se que as primeiras velas funcionavam com gordura animal, que ficava em algum recipiente. A gordura penetrava em fibras de vegetais, que serviam de pavio, e daí era queimada.

Velas feitas de parafina existem desde o século XIX. Só que, nessa época, os lampiões a gás ou a óleo eram mais usados nos lares.

Os lampiões a querosene começaram a existir a partir de 1860. Pouco tempo depois, em 1879, surgiram as primeiras lâmpadas.

Atualmente, as lâmpadas incandescentes têm um bulbo de vidro, dentro do qual há um filamento de um metal chamado tungstênio. O filamento é todo enrolado, formando uma espécie de mola, que aumenta a eficiência da lâmpada.

A luz elétrica sempre foi considerada mais segura e mais brilhante que a iluminação a gás ou a óleo. Em pouco tempo ela se difundiu por todos os lares.

Lâmpada elétrica de Thomas Edison (1880).

Lâmpada incandescente (2012).

3 Agora vamos usar uma lanterna para investigar o que ocorre quando a luz incide sobre diferentes corpos. Faça o seguinte:

• **incidir:** recair, refletir sobre algo.

- Forme uma dupla com um colega e fiquem a três passos de distância um do outro.
- Combinem quem vai acender a lanterna e quem vai segurar na frente dela diferentes corpos, que serão iluminados. Comecem segurando uma folha de papel vegetal.

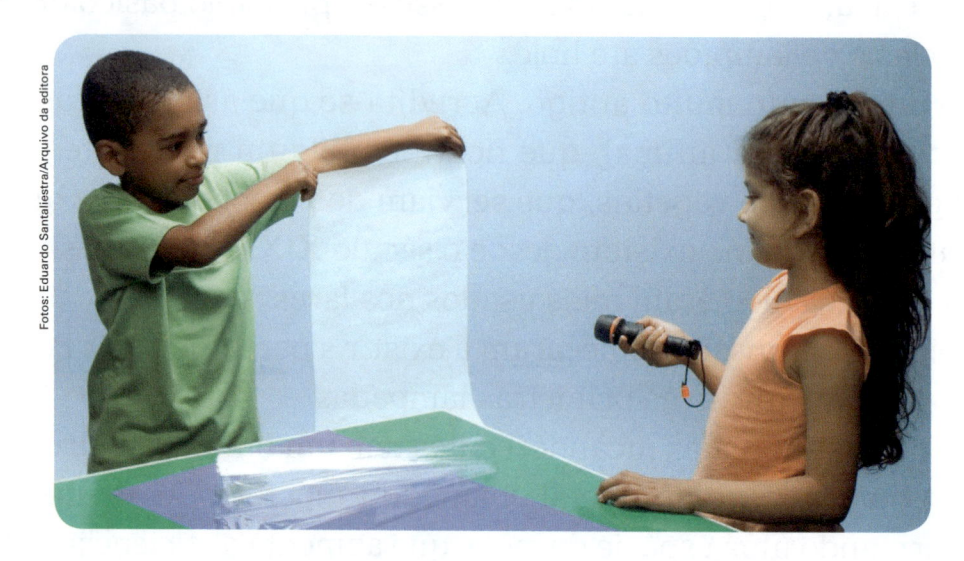

- Depois, iluminem uma folha de cartolina.
- Finalmente, iluminem uma folha de celofane incolor.

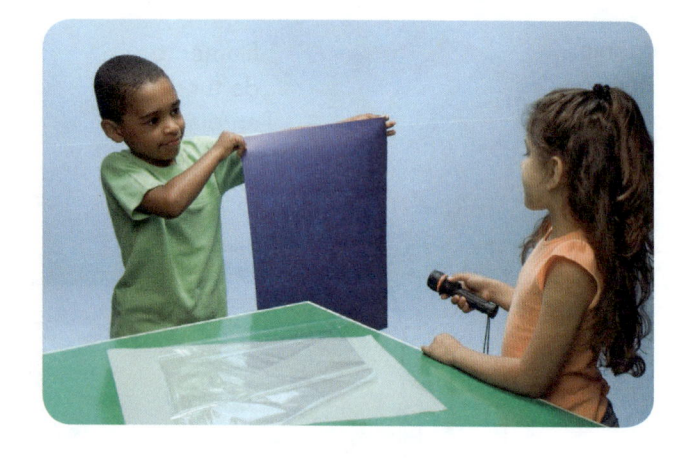

4 Agora, responda: a luz atravessou ou não os três corpos – a folha de papel vegetal, a folha de cartolina e a folha de celofane?

_____

_____

98 UNIDADE 3

5 Leia o texto e, depois, responda às questões que aparecem logo abaixo.

A luz e os corpos

Feche os olhos e imagine-se em um quarto escuro. Você tem apenas uma lanterna na mão. Quando você ligar a lanterna, o que será que vai acontecer?

A resposta é bem simples: "Tudo dependerá do corpo sobre o qual a luz da lanterna vai incidir":

1. Se a luz da lanterna incidir sobre uma chapa de madeira ou sobre uma folha de cartolina, ela não atravessará esses corpos. Podemos dizer que esses são exemplos de corpos opacos. Um corpo opaco é aquele pelo qual a luz não passa.

2. Se a luz da lanterna incidir sobre uma folha de celofane, ela vai atravessá-la. Podemos dizer que a folha de celofane é um exemplo de corpo transparente. Um corpo transparente é aquele pelo qual a luz passa.

3. Se a luz da lanterna incidir sobre uma folha de papel vegetal, ela não a atravessará muito bem. Podemos dizer que a folha de papel vegetal é um exemplo de corpo translúcido. Um corpo translúcido é aquele pelo qual a luz não atravessa muito bem.

Corpo opaco.   Corpo transparente.   Corpo translúcido.

a) De acordo com o texto, o que é um corpo opaco?

_____

b) Explique o que significa a palavra "translúcido". Dê exemplos de materiais translúcidos.

_____

_____

c) Como são chamados os corpos pelos quais a luz passa?

_____

CAPÍTULO 7   **99**

Sombras

Você já viu que a luz não atravessa os corpos opacos. Mas, afinal, o que acontece quando a luz incide sobre esses corpos? É o que vamos estudar agora.

1 Em uma folha de papel sulfite, faça um desenho que ilustre a seguinte frase: "Quando a luz atinge um corpo opaco, ela não o atravessa.". No desenho indique com setas:

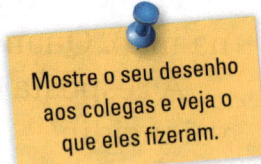

- a fonte de luz;
- o feixe de luz;
- o corpo opaco.

Mostre o seu desenho aos colegas e veja o que eles fizeram.

2 Leia o trecho do texto e responda às perguntas a seguir.

> Certo dia, Ofélia viu, de repente, uma sombra na parede branca:
> – Você também é uma sombra que não pertence a ninguém? – perguntou Ofélia.
> – Sou – disse a sombra –, mas ficamos sabendo que existe alguém que está nos acolhendo. É você?
> – Já tenho duas – respondeu Ofélia.
> – Então uma a mais não vai fazer diferença – replicou a sombra. – Você não poderia ficar comigo?...
>
> Adaptado de: ENDE, Michael. *O teatro de sombras de Ofélia*. São Paulo: Ática, 1988.

a) Identifique no texto aquilo que não acontece de verdade, mas somente no "mundo das histórias".

_____
_____
_____

b) Troque ideias com os colegas: quantas sombras você pode ter?

_____
_____

3 Vamos investigar como fica a parte de trás de um corpo opaco quando o iluminamos? Use uma lanterna e faça o seguinte:

- Junte-se a um grupo de colegas e recorte figuras com formas variadas, em cartolina. Elas serão os corpos opacos que usaremos em nossas atividades.
- Prenda as figuras em varetas.
- Com um colega, ilumine uma figura de cada vez e observe o que acontece.
- Desenhe em uma folha de papel sulfite o que você observou. Nos desenhos, indique com setas:
   - a fonte de luz;
   - o feixe de luz;
   - o corpo opaco;
   - a sombra projetada.

4 Troque ideias com seus colegas e responda: como fica a parte de trás do corpo opaco?

_____

_____

CAPÍTULO 7 **101**

5 Leia o texto e escreva um título para ele.

_____

Brincar de sombras pode ser muito divertido.

Para isso, precisamos de uma fonte de luz (pode ser um abajur ou uma lanterna), de um corpo opaco (pode ser a sua mão) e de um local onde as sombras sejam projetadas (pode ser uma parede).

Como a luz não consegue atravessar a nossa mão, atrás dela fica uma área escura. É por isso que, projetada a certa distância, vemos a silhueta escura da nossa mão.

Aproximando e afastando um corpo opaco de uma fonte de luz, o tamanho da sombra projetada varia.

Colocando mais de uma fonte de luz para iluminar um corpo opaco, haverá uma sombra para cada feixe de luz utilizado. É isso mesmo, podemos fazer um exército de sombras, com somente um corpo opaco.

Faça essa brincadeira em casa. Vai ser muito divertido!

6 Explique: é possível alguém ter mais de uma sombra?

_____
_____
_____
_____

VAMOS LER?
- *As amigas e as sombras.* Augusto Magalhães. São Paulo: Scipione, 2003.
- *De olho no escuro.* Daniela Chindler. São Paulo: Salamandra, 1999.

102 UNIDADE 3

7 Desenhe a sombra dos diferentes corpos opacos que aparecem abaixo, quando iluminados pela lanterna.

fonte de luz

corpos opacos

lanterna

feixe de luz

8 Observe a imagem abaixo e escreva nos espaços indicados:

- a fonte de luz;
- o corpo opaco;
- o feixe de luz;
- a sombra projetada.

9 Troque ideias com os colegas e responda: "Quantas sombras você pode ter?"; "É possível mudar o tamanho de sua sombra?".

CAPÍTULO 7   **103**

Vamos ver de novo?

Neste capítulo exploramos a natureza das sombras. Vimos que, para se produzir uma sombra, é necessário uma fonte de luz e um corpo opaco.

Atualmente, as fontes de luz mais comuns são as lâmpadas elétricas. Já deve ter acontecido com você de acabar a energia elétrica em casa e tudo ter ficado no escuro. É quando, em geral, acendemos as velas.

Nessas situações, estamos recorrendo a uma antiga forma de iluminação: por meio do fogo. Antigamente, as casas e as ruas eram iluminadas pelo fogo.

Hoje em dia, uma fonte de luz que podemos usar – e até brincar bastante com ela – é a lanterna. Com ela podemos nos divertir iluminando diferentes objetos e produzindo sombras.

Mas isso não acontecerá sempre! Se a luz emitida pela lanterna atingir um corpo transparente, como uma folha de papel celofane ou um objeto de vidro, ela o atravessará.

Somente produziremos uma sombra se iluminarmos um corpo opaco. Os corpos opacos são aqueles pelos quais a luz não passa. Quando iluminamos um corpo opaco, a parte de trás dele fica escura: é a sombra. Se essa sombra for projetada em uma superfície, veremos que ela terá o formato do corpo opaco.

Utilizando fontes de luz e com elas iluminando diferentes objetos, podemos obter uma grande variedade de sombras. Podemos até mesmo fazer um teatro de sombras!

104 UNIDADE 3

1. Responda às questões com base no que você estudou neste capítulo:

   a) Qual era a principal forma de iluminação utilizada antigamente, antes de as lâmpadas elétricas existirem?

   _____

   b) O que diferencia os corpos opacos dos corpos transparentes?

   _____
   _____

   c) O que é necessário para que seja produzida uma sombra?

   _____

2. Observe a imagem abaixo e identifique com setas: a fonte de luz, o corpo opaco, o feixe de luz e a sombra projetada.

3. As crianças estão brincando de fazer um teatro de sombras. Observe bem a posição das mãos delas, imite-as e faça você mesmo essas sombras. O que cada criança está representando?

CAPÍTULO 7   **105**

CAPÍTULO 8
Observar o céu é ver o tempo passar

Essas fotos foram tiradas no mesmo horário?

106 UNIDADE 3

O que já sei...

- É possível que um corpo fique parado, imóvel, mas que sua sombra mude de posição?

- É possível termos uma ideia de que horas são, mesmo se não houver nenhum relógio por perto?

Atividade prática

Onde pode ser projetada a sombra de um guarda-sol? É isso que você vai explorar nesta atividade!

- Faça uma montagem como a que vemos abaixo. Você vai precisar de duas folhas de papel sulfite, lápis, massa de modelar, tesoura sem ponta e lanterna.
- Com a massa de modelar, fixe o lápis em uma das folhas de papel sulfite.
- Recorte um círculo pequeno da outra folha de papel sulfite.
- Encaixe o centro do círculo na ponta do lápis, como se fosse um guarda-sol.
- Ilumine o "guarda-sol" com a lanterna.

Discuta com os colegas e com o professor: você acha que a sombra do lápis aparecerá no papel do mesmo lado da lanterna ou do lado oposto ao da lanterna?

Fotos: Sérgio Dotta Jr./The Next

CAPÍTULO 8 **107**

O Sol, a sombra e as horas

As sombras podem nos surpreender! Foi isso o que aconteceu na história em quadrinhos abaixo.

ATENÇÃO!
Evite ficar exposto aos raios solares das 10 horas às 15 horas e use protetor solar sempre que tomar sol.

1 Leia a história em quadrinhos e, depois, responda às questões.

a) Já aconteceu com você de uma sombra mudar de posição sem ninguém ter mexido em nada?

_____

b) O que deve ter acontecido para que, de repente, aparecesse uma sombra na esteira?

_____

_____

108 UNIDADE 3

Vamos simular, com a ajuda de uma lanterna, a mudança de posição da sombra de um guarda-sol.

2 Ponha a lanterna acesa em diferentes posições e observe as sombras que se formam. Em seguida, desenhe a sombra formada em cada situação.

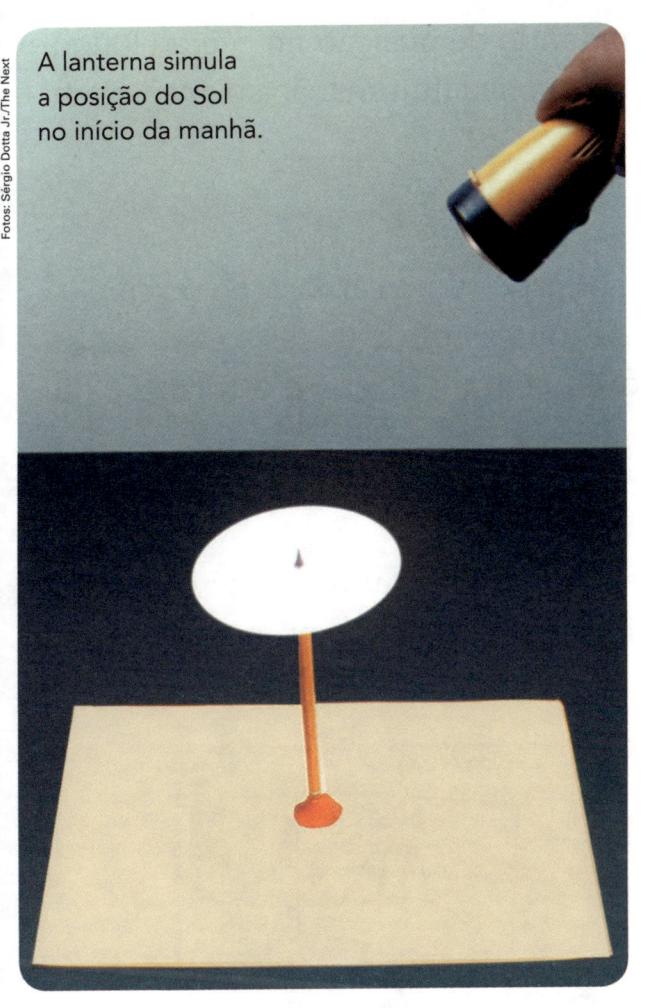

A lanterna simula a posição do Sol no início da manhã.

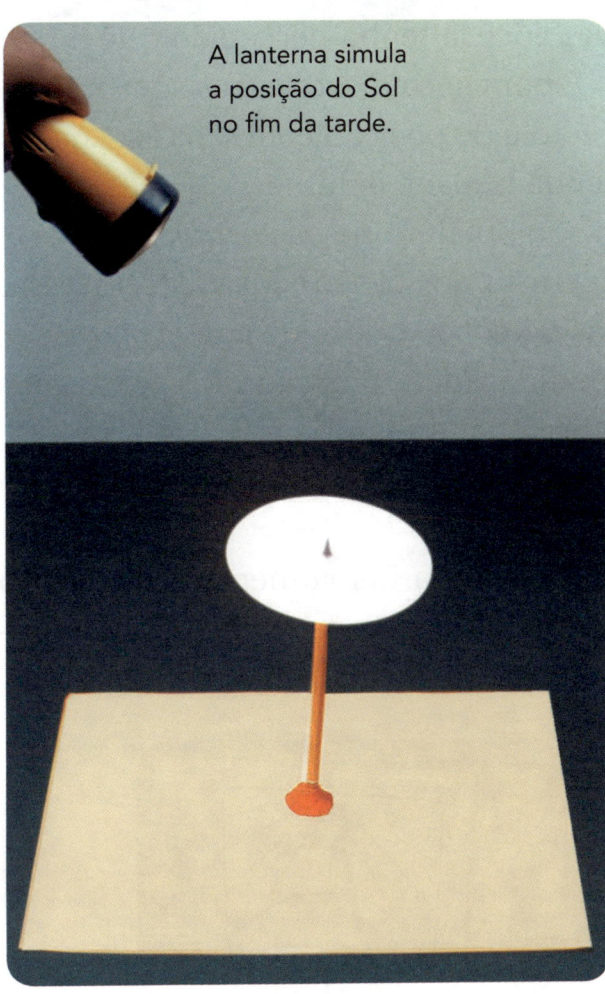

A lanterna simula a posição do Sol no fim da tarde.

3 Explique o que aconteceu. Na sua explicação, use os termos **fonte de luz**, **corpo opaco** e **sombra**.

_____
_____
_____
_____

CAPÍTULO 8   **109**

4 Leia o texto a seguir e conheça os relógios de sol. Depois, responda às questões.

Os relógios de sol

Você já reparou que, no início do dia, o Sol está em uma posição no céu e que, no fim do dia, ele está em outra posição?

Talvez você já tenha percebido que o Sol vai mudando de posição no céu ao longo do dia. É por causa disso que as sombras produzidas com a iluminação solar mudam de aspecto e de posição com o passar das horas.

Entenda isso em detalhes:

- A luz do Sol ilumina os corpos.
- Só que a luz do Sol não consegue atravessar alguns corpos – uma árvore, por exemplo.
- Atrás do corpo que a luz não atravessa forma-se uma sombra.
- À medida que a posição do Sol vai mudando no céu, a posição e o formato da sombra mudam também.

Foi com base nesses conhecimentos que o relógio de sol foi inventado, há mais de 4 000 anos.

Trata-se de um instrumento muito simples: ele tem apenas uma haste colocada sobre um mostrador de horas. Conforme o Sol se desloca pelo céu, a sombra da haste sobre o mostrador muda de posição, indicando a hora.

Fotos: Sérgio Dotta Jr./The Next

a) Das fotos acima, qual foi tirada pela manhã? E qual foi tirada à tarde?

_____

b) Qual o horário marcado no relógio de sol de cada uma das fotos?

_____

5 Observe estas imagens, registradas em diferentes horários:

Qual é a provável posição do Sol no céu nas situações mostradas?

9h    12h    16h

Fotos: Geyson Magno/Lumiar

6 Depois de analisar as imagens acima, responda às seguintes questões:

a) Qual é a fonte de luz nas situações mostradas?

_____

b) O que aconteceu com a sombra no decorrer do dia?

_____

7 Em uma folha avulsa, faça um desenho de um relógio de sol. Depois, escreva uma legenda para o seu desenho, explicando em poucas linhas como esse aparelho funciona. Veja como ficou o desenho feito por um aluno.

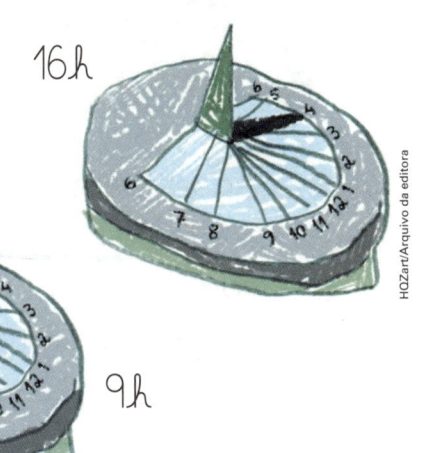

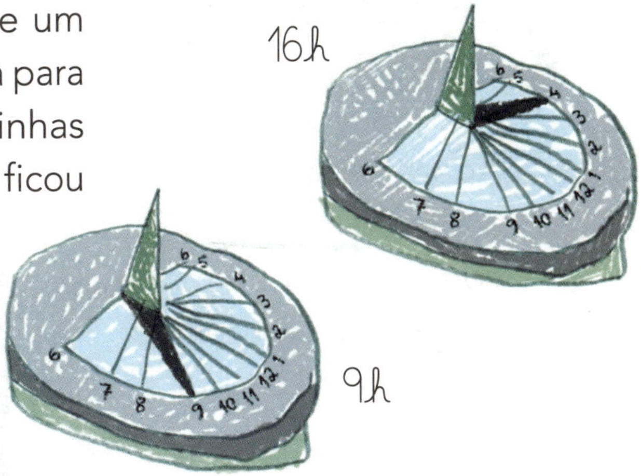

16h

9h

HOZart/Arquivo da editora

mural da turma

Procure fotos que mostrem as sombras de casas, prédios, postes, árvores, etc. Cole as imagens no mural da classe e troque ideias com seus colegas: Qual é a posição da fonte de luz nas diferentes imagens? Em que horário essas fotos devem ter sido tiradas?

CAPÍTULO 8 **111**

As estrelas e as horas

Durante a noite, o relógio de sol não funciona! Mesmo assim, é possível saber mais ou menos as horas: basta observar o céu noturno. Vamos descobrir como?

1 Observe este desenho do céu noturno. Foque a atenção em um conjunto de estrelas: a **constelação** do Cruzeiro do Sul.

- A estrela mais brilhante fica no "pé da cruz".
- Quatro estrelas representam "as pontas de uma cruz".
- Há uma quinta estrela que aparece meio "intrometida" no meio das outras.

2 Agora é a sua vez! Observe a foto ao lado, troque ideia com os colegas e responda: onde está o Cruzeiro do Sul na imagem?

Região da Constelação do Cruzeiro do Sul.

DESAFIO

Em uma folha avulsa, faça um desenho de um céu noturno em que apareça o Cruzeiro do Sul.

UNIDADE 3

3 Observe as imagens do céu às 20 horas e às 23 horas. Em cada imagem:

a) identifique a posição da Lua;

b) identifique a posição do Cruzeiro do Sul.

4 Compare as duas imagens e responda:

a) O que aconteceu com a posição do Cruzeiro do Sul no céu nesse intervalo de tempo?

_____

_____

b) O que aconteceu com a posição da Lua no céu nesse intervalo de tempo?

_____

_____

CAPÍTULO 8   113

5 Leia o texto e desvende: como podemos ter uma ideia das horas, simplesmente olhando para o céu?

Hora da leitura

Observe os astros e... veja o tempo passar

Como você faz para saber que horas são?

Mesmo que você não use um relógio, é muito fácil saber as horas: os relógios estão atualmente por todos os lados, nas paredes dos estabelecimentos comerciais, no pulso das pessoas...

Mas houve uma época em que os relógios não "dominavam" o mundo!

Naqueles tempos, para saber que horas eram, observava-se o céu.

Hoje isso até pode parecer antiquado, mas ainda funciona muito bem. Observe o céu e veja você mesmo:

1. Durante o dia o Sol muda de posição no céu: ele aparece mais a leste nas primeiras horas do dia e, no fim do dia, se põe mais a oeste.
2. Durante a noite as estrelas mudam de posição no céu, como você pôde observar nas ilustrações da página anterior.

Por isso, não se aflija:
de relógio você não mais precisa.
De dia ou de noite,
olhe para o céu e infira
a hora de maneira quase precisa.

- **inferir:** concluir, deduzir.

114 UNIDADE 3

6 É possível saber as horas durante a noite, mesmo sem ter nenhum relógio por perto? Explique.

_____

_____

7 Analise as cinco linhas finais do texto e responda:
"Por isso, não se aflija:
de relógio você não mais **precisa**.
De dia ou de noite, olhe para o céu e infira
a hora de maneira quase **precisa**."

> **VAMOS LER?**
> • *A gente que ia buscar o dia.* Edy Lima. São Paulo: Ática, 2010.

a) Qual o significado da palavra **precisa** na segunda linha?

_____

b) Qual o significado da palavra **precisa** na quarta linha?

_____

_____

8 Observe o desenho do céu noturno. No espaço a seguir, faça um desenho dessa mesma paisagem três horas mais tarde. Ao desenhar o céu, represente o Cruzeiro do Sul.

CAPÍTULO 8 **115**

Vamos ver de novo?

Neste capítulo exploramos o movimento do Sol e das estrelas no céu.

Durante o dia, a luz do Sol ilumina os corpos. Então, podemos observar suas sombras projetadas.

No começo do dia, a sombra produzida devido à iluminação solar tende a estar em uma determinada posição e a ser bastante "alongada". Próximo do meio-dia essa sombra fica muito pequena, praticamente sobre o corpo iluminado. No final do dia essa sombra novamente fica "alongada", só que em posição oposta à que estava pela manhã.

Essas mudanças ocorrem porque, com o passar das horas, a posição do Sol muda no céu.

Isso explica o princípio de funcionamento dos relógios de sol: com o passar das horas, a sombra de uma haste é projetada em diferentes posições. Olhando a posição em que ela foi projetada, podemos ter uma ideia das horas.

Mas não é somente a posição do Sol que muda no céu. A posição das estrelas e de outros corpos celestes também muda com o passar das horas.

Um conjunto de estrelas fácil de ser observado no céu do Brasil praticamente durante o ano todo, mas de maneira mais marcante durante o inverno, é o Cruzeiro do Sul. Em diferentes horários da noite, o Cruzeiro do Sul pode ser observado em diferentes posições no céu.

1 Responda com base no que você estudou neste capítulo:

a) Considere um objeto que esteja fixo em um lugar, como uma árvore ou um poste. Qual é a diferença entre a posição da sombra desse objeto projetada no início da manhã e no final da tarde?

_____
_____
_____

b) Ao longo do dia, o que causa a mudança na posição das sombras produzidas devido à iluminação solar?

_____
_____

c) Cite o nome de um conjunto de estrelas que podemos observar no céu.

_____

2 Analise a fala desta criança:

> As sombras de um objeto parado podem aparecer em diferentes posições porque elas estão vivas e movimentando-se por conta própria.

_____
_____
_____

3 Depois de ter observado o céu à noite, uma aluna falou:

> As estrelas podem ser as mesmas, mas a posição delas no céu pode ser diferente.

Troque ideias com seus colegas e responda: você concorda ou discorda do que a aluna falou? Explique.

_____
_____

CAPÍTULO 8 — 117

CAPÍTULO 9
A Lua

A Lua

A Lua aparece sempre assim no céu?

118 UNIDADE 3

O que já sei...

- Você já observou a Lua no céu? Em uma folha avulsa, faça um desenho mostrando como ela é.

- "Lua cheia, lua nova, lua crescente, lua minguante." Explique o que você acha que cada uma dessas expressões quer dizer.

- Em outra folha avulsa, faça um desenho de como você imagina que seja a superfície lunar.

Atividade prática

Que tal fazer uma simulação de como a Lua aparece no céu?

- Em uma folha de papel cole, no centro, uma foto ou um desenho da lua cheia. Em outra folha de papel recorte uma abertura redonda do tamanho da imagem da Lua que você colou. Pinte de preto o círculo que sobrou.

- Dobre um pedaço de papel retangular e prenda-o ao círculo preto, como se fosse um "cabo".

- Com fita adesiva, fixe a folha que tem a abertura redonda sobre a imagem da Lua pela parte superior, deixando as laterais livres. A imagem da Lua deve aparecer por inteiro.

- Pela parte inferior do par de folhas fixadas introduza o círculo preto, de modo que ele fique no meio das folhas e do lado esquerdo da imagem da Lua. Segurando o círculo preto pelo "cabo", puxe-o lentamente para a direita. Repare que a imagem da Lua vai desaparecendo. Depois que a imagem da Lua desaparecer por completo, continue puxando o círculo preto para a direita. Repare que a Lua vai reaparecendo.

CAPÍTULO 9

A Lua e o calendário

Você viu a Lua ontem? Com que aspecto ela se apresentava?

1 Veja estas fotos, que foram tiradas em diferentes datas. Faça uma legenda para cada foto usando os termos do banco de palavras.

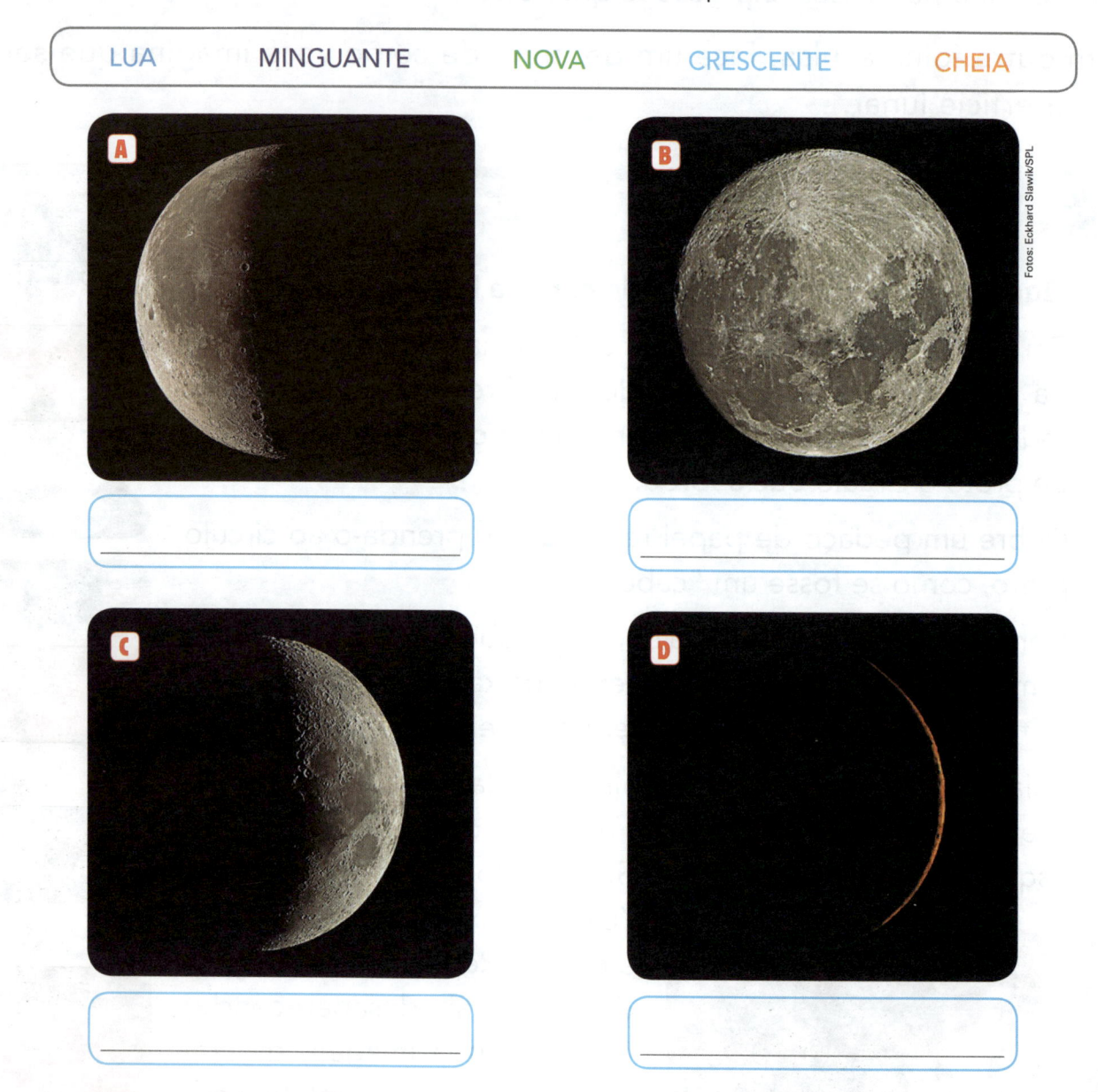

| LUA | MINGUANTE | NOVA | CRESCENTE | CHEIA |

A.

B.

C.

D.

Fotos: Eckhard Slawik/SPL

Mural da turma

Procure imagens da Lua em revistas e jornais e fixe-as no mural. Não se esqueça de escrever uma legenda para cada foto.

2 Leia o texto, observe as fotos e complete as lacunas, indicando a fase da Lua mais apropriada.

> Em uma folha avulsa, faça um desenho de cada fase da Lua e indique a sequência em que elas aparecem semanalmente no céu.

As fases da Lua

Você já deve ter contemplado o céu e observado a Lua.

Apesar de a Lua ser sempre a mesma, quando observamos o céu podemos vê-la com aspectos diferentes. Por exemplo:

1. Se hoje for dia de _____ ela aparecerá como um círculo completo, branco e brilhante.

2. Aproximadamente uma semana depois, a Lua terá outro aspecto: ela estará na fase de quarto _____ . É como se ela tivesse "diminuído", "minguado" – minguar quer dizer "diminuir" –, e agora parecesse menor, como um semicírculo.

3. Mais uma semana, aproximadamente, e a Lua terá "minguado" por completo: quase não conseguiremos vê-la no céu. É lua _____ !

4. A partir da lua nova, começam as fases da chamada lua _____: dia após dia podemos ver a Lua "crescendo" no céu. Primeiro, ela parece a curvatura da pontinha de uma unha; depois, vai parecendo maior, até ter a aparência de um círculo completo.

5. Chega, então, a lua cheia. Isso acontece, aproximadamente, um mês depois da lua cheia anterior.

Lua cheia.

Lua minguante.

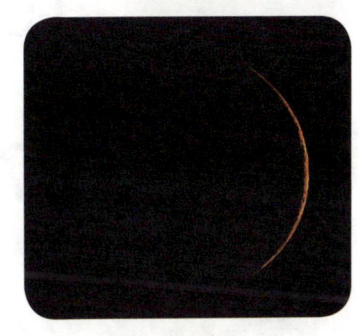

Lua nova.

Lua crescente.

Fotos: Eckhard Slawik/SPL

CAPÍTULO 9   **121**

3 Observe este calendário. Preste atenção especialmente nas datas de mudança das fases da Lua.

novembro

dezembro: 1 2 3 4 5 6 / 7 8 9 10 11 12 13 / 14 15 16 17 18 19 20 / 21 22 23 24 25 26 27 / 28 29 30 31

dom	seg	ter	qua	qui	sex	sáb
						1
2	3	4	5	6 CHEIA	7	8
9	10	11	12	13	14 QUARTO MINGUANTE	15
16	17	18	19	20	21	22 NOVA
23	24	25	26	27	28	29 QUARTO CRESCENTE
30	1	2	3	4	5	6 CHEIA

4 Analise o calendário da página anterior e termine de preencher o quadro que começou a ser feito.

Aspecto da Lua no céu	Nome da fase da Lua	Data
	Lua em fase minguante	14 de novembro
	_____	22 de novembro
	_____	29 de novembro
	Lua cheia	6 de novembro e 6 de dezembro

5 Observe as fotos ao lado, que mostram a Lua nas fases crescente e cheia.

6 Consulte o calendário da página anterior e responda às seguintes perguntas:

a) Em que dia a Lua estava com o aspecto semelhante ao da foto 1?

_____

b) Qual é a fase da Lua representada na foto 2? Segundo o calendário, em que dia a Lua pode ser vista no céu com esse aspecto?

_____

c) Quantos dias a Lua leva para mudar seu aspecto no céu desde como aparece na foto 1 até como aparece na foto 3?

_____

CAPÍTULO 9   123

A exploração lunar

Você sabia que, entre 1969 e 1972, mais de dez pessoas caminharam pela superfície da Lua?

1 Observe as fotos e leia as legendas.

Antes de chegar à Lua, foi necessário conseguir sair do planeta. Isso aconteceu pela primeira vez em 1961. Foi quando o **cosmonauta** russo Yuri Gagarin sobrevoou a Terra. Do espaço, ele disse admirado: "A Terra é azul!".

Para chegar à Lua, potentes foguetes impelem a espaçonave a dezenas de quilômetros da superfície.

A cerca de 225 quilômetros da superfície, o astronauta faz uma "caminhada no espaço". A primeira caminhada mais longa ocorreu em 1965 e levou cerca de 23 minutos. O objetivo na época era testar os trajes espaciais.

Astronautas dentro da cabine do módulo de comando lunar, que media cerca de 7 metros de altura por aproximadamente 9,5 metros de largura. Nesse espaço ficavam três astronautas.

2 Em uma folha avulsa, escreva um texto descrevendo: "Se você fosse um astronauta nos anos 1960, como seria a sua viagem até a Lua?".

Chegando à Lua, a vista é impressionante: no horizonte lunar surge a Terra.

Os astronautas norte-americanos foram os primeiros seres humanos a pisar na Lua. Isso ocorreu em 1969.

Charles Conrad Jr., comandante da Apollo 12, examinando a sonda Surveyor III, em 1969, que havia tirado inúmeras fotos da Lua e coletado amostras do solo lunar.

David R. Scott, comandante da Apollo 15, sentado no veículo lunar Rover, em 1971. Utilizando o veículo lunar, os astronautas das três últimas missões à Lua puderam ir a locais mais distantes do que seus antecessores.

O astronauta James B. Irwin, piloto da missão Apollo 15, cavando o solo lunar. Ao fundo, pode-se ver o monte Hadley, que mede aproximadamente 4 500 metros de altura.

3 Explique: quais as atividades desenvolvidas pelos astronautas logo que chegaram à Lua?

CAPÍTULO 9 **125**

4 Reveja as imagens das páginas anteriores e responda às perguntas a seguir.

a) De qual nacionalidade era o primeiro ser humano a sair do planeta Terra?

_____

b) De qual nacionalidade era o primeiro ser humano a pisar na Lua?

_____

c) Qual a sua opinião: o espaço do módulo de comando lunar era adequado para abrigar três astronautas?

_____

5 A linha do tempo ainda está incompleta. Nos anos marcados, indique alguns acontecimentos importantes relacionados à exploração espacial e, particularmente, da Lua. Escolha dentre as opções abaixo:

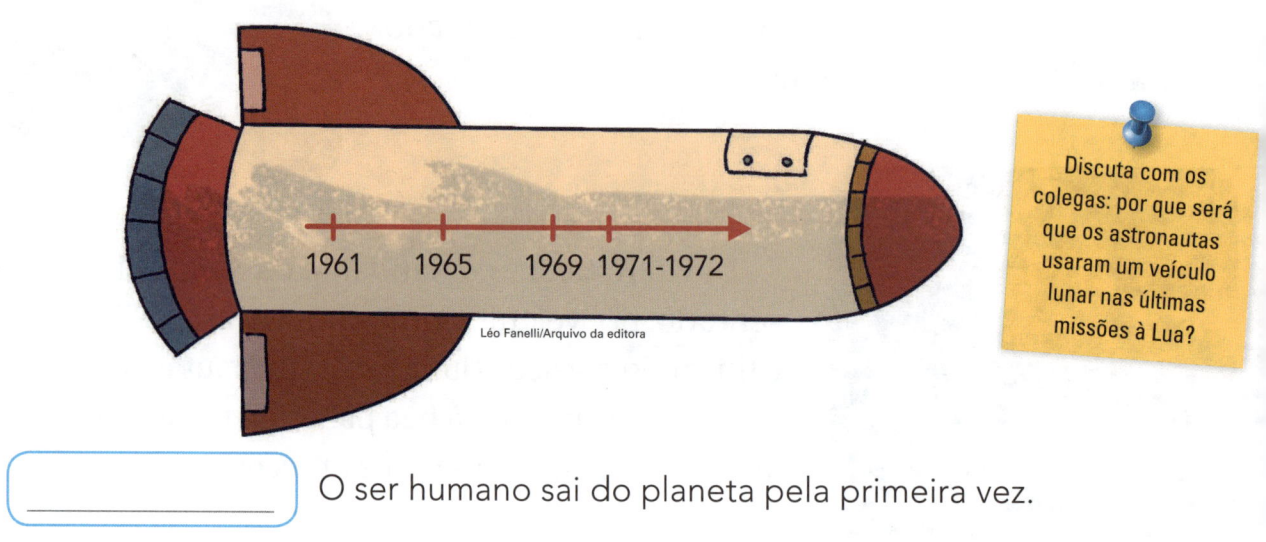

1961   1965   1969   1971-1972

Léo Fanelli/Arquivo da editora

> Discuta com os colegas: por que será que os astronautas usaram um veículo lunar nas últimas missões à Lua?

☐ O ser humano sai do planeta pela primeira vez.

☐ Ocorre a primeira caminhada espacial longa, que leva cerca de 23 minutos.

☐ O ser humano pisa na Lua pela primeira vez.

☐ Nas três últimas viagens à Lua, o ser humano usa o veículo lunar.

6 Das imagens mostradas nas páginas anteriores, qual foi a que mais chamou a sua atenção? Desenhe essa imagem em uma folha avulsa e explique por que ela foi a que mais o atraiu.

126 UNIDADE 3

7 Leia o poema que aborda o tema da exploração da Lua.

No mundo da Lua

A Lua...
É de admirar.
Nela crateras, montanhas,
Até planícies há.

Na Lua...
... água, nem pensar.
oxigênio... nem sonhar!
vida... ora, deixe de me gozar.

Mas não deixe de se admirar:
na Lua pegadas ainda há.
São os passos dos astronautas
que já estiveram por lá.

8 Consulte um dicionário e responda: o que significa a palavra "cratera"?

_____

9 A partir da leitura do poema, responda:

a) O que é possível encontrar na Lua? _____

b) O que não existe na Lua? _____

10 Agora é a sua vez! Solte a imaginação e chegue até a Lua. Em uma folha avulsa, faça um poema ou uma história em quadrinhos contando o que você encontrou nessa incrível viagem!

CAPÍTULO 9 **127**

Vamos ver de novo?

Neste capítulo exploramos a Lua. Apesar de a Lua ser sempre a mesma, ela pode ser vista com diferentes aspectos no céu.

A lua cheia tem o aspecto de um círculo completo, brilhante. Com o passar dos dias a lua cheia vai ficando com a aparência menor. Aproximadamente uma semana depois ela estará com o aspecto de um semicírculo, típico da lua minguante. E depois de mais uma semana, ela pode até deixar de ser vista no céu, mesmo em noites estreladas e de tempo bom: é a lua nova.

A partir daí, começa a ocorrer o contrário. A Lua vai ficando, dia após dia, com uma aparência maior. Depois de uma semana ela estará com o aspecto de um semicírculo (típico do quarto crescente). Mais uma semana e ela estará com o aspecto de lua cheia.

Utilizando espaçonaves, o ser humano já conseguiu sair do planeta Terra e chegar até a Lua. Em 1961, o primeiro ser humano a ver o aspecto do planeta, a partir do espaço, foi o russo Yuri Gagarin. Ele afirmou entusiasmado: "A Terra é azul!".

Um pouco depois, entre os anos de 1969 e 1972, mais de uma dezena de pessoas chegaram a pisar na Lua e a explorar sua superfície cheia de crateras. Coletaram amostras de pedras lunares, deslocaram-se utilizando uma espécie de carro: o "veículo lunar". Até hoje, não foram encontrados indícios da existência de seres vivos na Lua.

1 Responda com base no que você estudou neste capítulo:

a) Qual é o aspecto da lua cheia no céu?

_____

b) Uma semana depois de ter observado a lua cheia, você fez novas observações celestes. Qual é o aspecto mais provável da Lua?

_____

c) Quais são as quatro fases da Lua?

_____

2 Identifique a(s) frase(s) com **C** de correta ou **E** de errada e reescreva a(s) frase(s) errada(s), corrigindo-a(s):

☐ Uma semana depois da lua nova chega a fase da lua minguante.

☐ Duas semanas depois da lua cheia começa a fase da lua minguante.

☐ A mudança de uma fase da Lua para a outra leva, aproximadamente, uma semana.

_____

_____

3 Observe estas imagens relacionadas à exploração lunar. Faça uma legenda para cada uma delas usando as informações apresentadas neste capítulo.

CAPÍTULO 9 **129**

Trançando saberes

1 Leia o poema abaixo: ele fala de constelações e estrelas.

Constelações

Uma linha liga
Uma estrela
A outra estrela.
E a outra.
E a outra mais.

Carneiro,
Cocheiro,
Cruzeiro do Sul.

Cabeleira
De Berenice
E a virgem, toda vestida de azul.

Capricórnio
Espeta sagitário.

Aquário apaga
O fogo do dragão.

O cão menor
Se esconde do leão.

As constelações são tantas
Que eu fico até tonto!

Parecem um jogo
De ligue os pontos
Tão longe de ficar pronto.

Fonte: José Santos. *Estrelas do céu e do mar*. São Paulo: Paulus, 2005.

2 Ligue os pontos e descubra qual figura geométrica você desenhará.

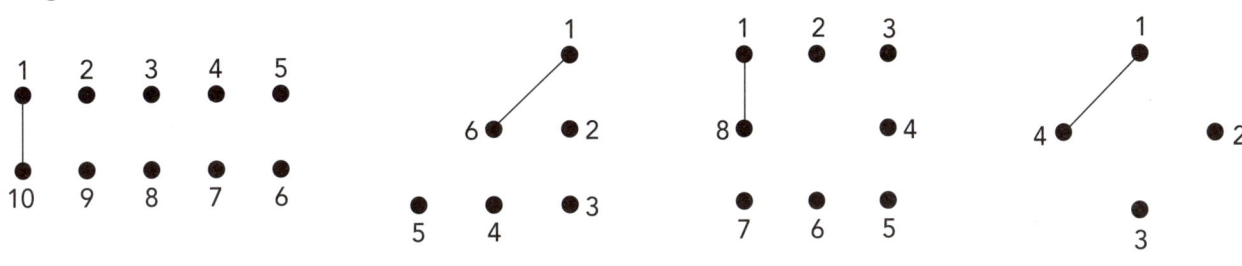

_____   _____   _____   _____

3 Identifique no texto palavras que rimam e preencha o quadro.

Uma palavra do texto	Outras palavras do texto que rimam com ela
Carneiro	_____
Dragão	_____
Tonto	_____

4 Chame dois colegas para brincar de "Cama de gato". A brincadeira consiste em transpassar um fio de barbante por entre os dedos, formando figuras geométricas a cada passada. Veja abaixo o passo a passo da brincadeira.

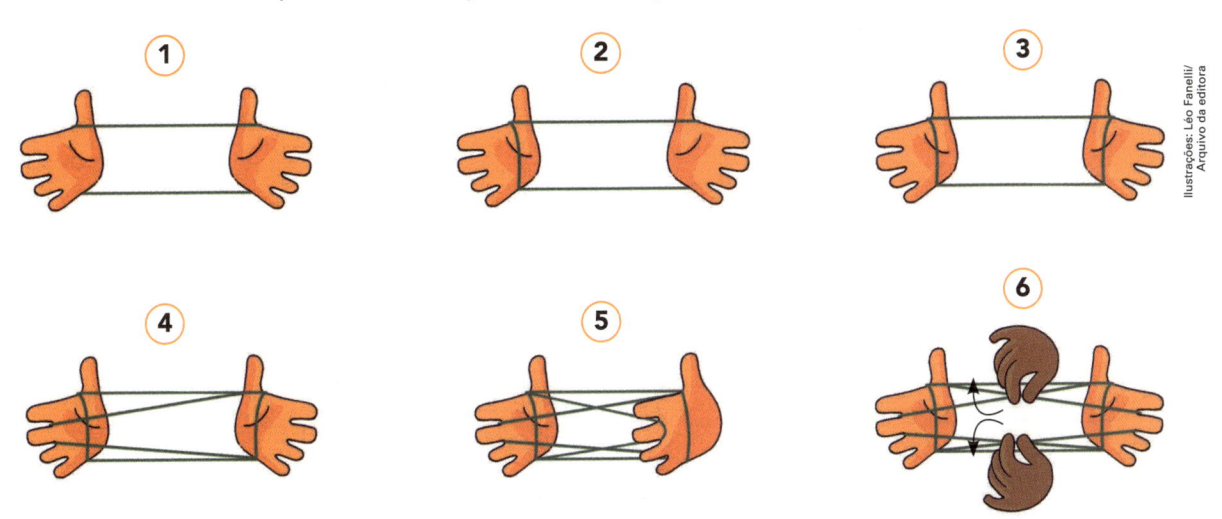

Ilustrações: Leo Fanelli/Arquivo da editora

Agora, peça que seus colegas desenvolvam o passo a passo do jogo. Enquanto isso, tente identificar as figuras geométricas formadas durante a brincadeira.

131

O que estudamos

UNIDADE 3

Nesta unidade você viu que:
- existem diferentes fontes de luz (as mais usadas antigamente e as mais recentes) e como as sombras são formadas;
- ao observar a posição do Sol e das estrelas no céu, é possível ter uma ideia do tempo que passa;
- as fases da Lua mudam periodicamente.

Complete os esquemas que começaram a ser feitos por alunos que estavam estudando os capítulos 7, 8 e 9 deste livro. Para isso, use os termos e expressões do banco de palavras.

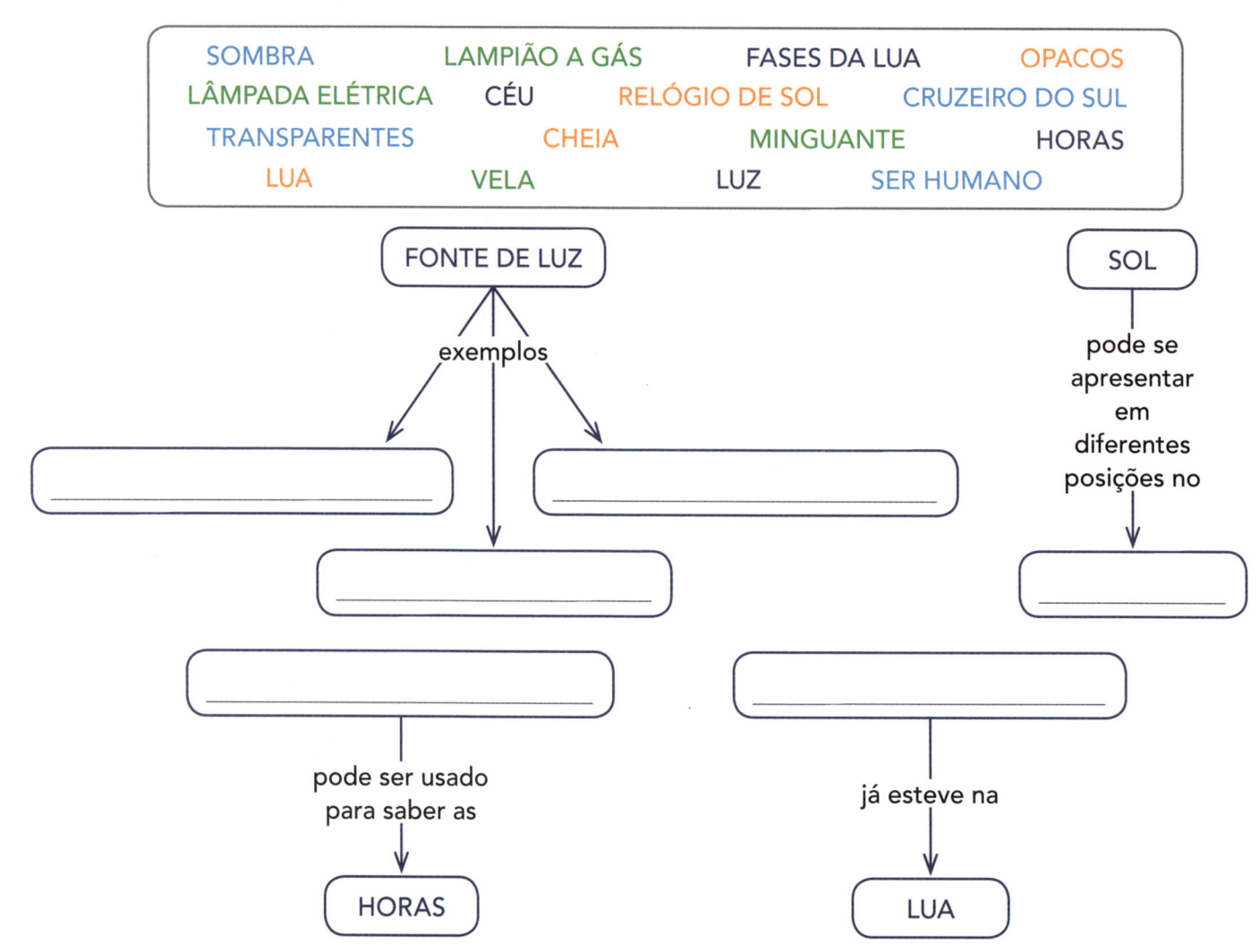

SOMBRA	LAMPIÃO A GÁS	FASES DA LUA	OPACOS
LÂMPADA ELÉTRICA	CÉU	RELÓGIO DE SOL	CRUZEIRO DO SUL
TRANSPARENTES	CHEIA	MINGUANTE	HORAS
LUA	VELA	LUZ	SER HUMANO

FONTE DE LUZ — exemplos → ____ , ____ , ____

____ pode ser usado para saber as → HORAS

SOL — pode se apresentar em diferentes posições no → ____

____ já esteve na → LUA

132

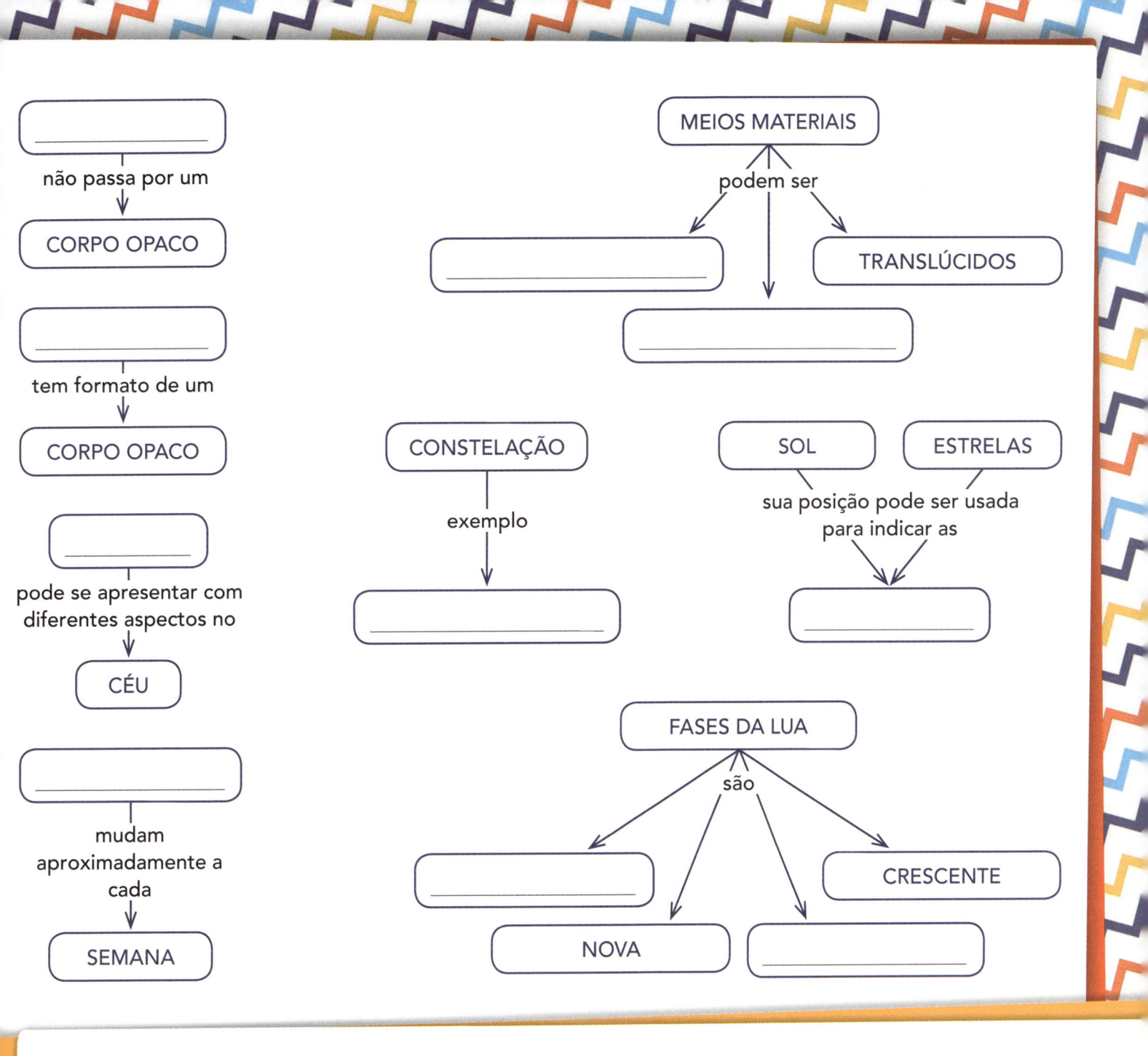

```
_____                           MEIOS MATERIAIS
não passa por um                      podem ser
     ↓                          ↙        ↓        ↘
CORPO OPACO              _____         TRANSLÚCIDOS
                                 ↓
_____                   _____
tem formato de um
     ↓
CORPO OPACO              CONSTELAÇÃO         SOL      ESTRELAS
                              │          sua posição pode ser usada
_____                  exemplo              para indicar as
pode se apresentar com        ↓                       ↓
diferentes aspectos no   _____           _____
     ↓
    CÉU
                              FASES DA LUA
_____                         são
mudam                     ↙        ↓        ↘
aproximadamente a    _____    ↓    CRESCENTE
cada                                NOVA    _____
SEMANA
```

Folheie as páginas anteriores e reflita sobre valores, atitudes e o que você sentiu e aprendeu nesta unidade:

- Você gostaria de viver numa época em que não havia luz elétrica?
- Sabendo a posição do Sol no céu, você já se sente capaz de ter uma ideia aproximada de que horas são? Que importância você acha que esse conhecimento pode ter no seu dia a dia?
- O que você gostou de estudar sobre a Lua e as explorações lunares?

Léo Fanelli/Arquivo da editora

133

UNIDADE 4

Invenções e transportes

CAPÍTULO 10

Invenções: erguer uma carga

Como mover estas caixas?

136 UNIDADE 4

O que já sei...

- Troque ideias com seus colegas: o que as crianças poderiam fazer para transportar as caixas com menor esforço físico?

- O que você acha que acontece com seus músculos e ossos quando você movimenta um membro do corpo, como o braço, por exemplo?

Atividade prática

Que tal fazer um invento para levantar carga?

- Una duas tiras de papel-cartão usando um alfinete ou tachinha.

- Fixe um alfinete em cada tira, como mostra a imagem.

- Amarre a ponta de um barbante no alfinete debaixo. Enrole o barbante no outro alfinete e puxe-o. Como vai se movimentar o seu invento?

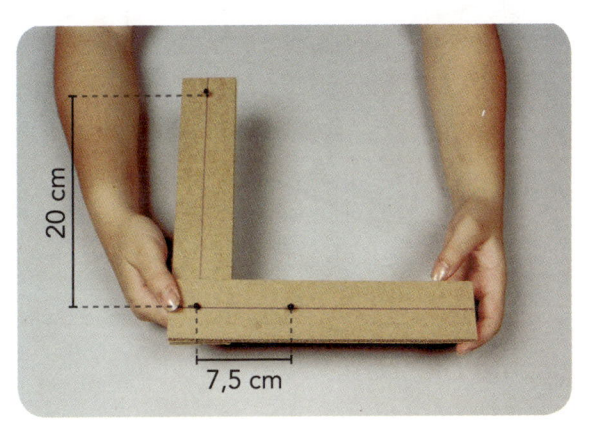

ATENÇÃO!
Ponha massinha de modelar na ponta dos alfinetes para que ninguém se machuque.

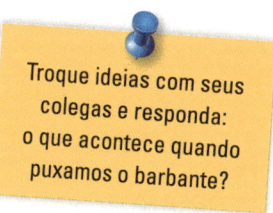

Troque ideias com seus colegas e responda: o que acontece quando puxamos o barbante?

CAPÍTULO 10 **137**

Funcionando como nosso braço

Vamos agora conhecer um pouco sobre o nosso corpo, estudar os músculos, os ossos e saber também de que maneira eles participam do movimento?

1 Observe as imagens, compare-as e, depois, responda às questões a seguir.

ATENÇÃO!
Nos desenhos foram utilizadas cores fantasia para melhor visualização dos elementos da ilustração.

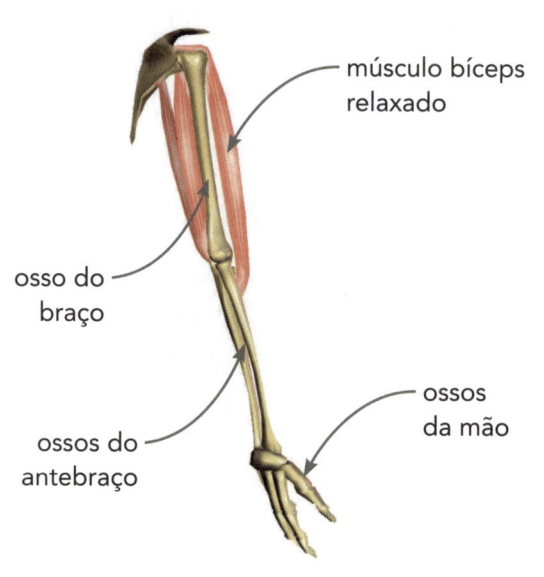

- músculo bíceps relaxado
- osso do braço
- ossos da mão
- ossos do antebraço
- músculo bíceps contraído

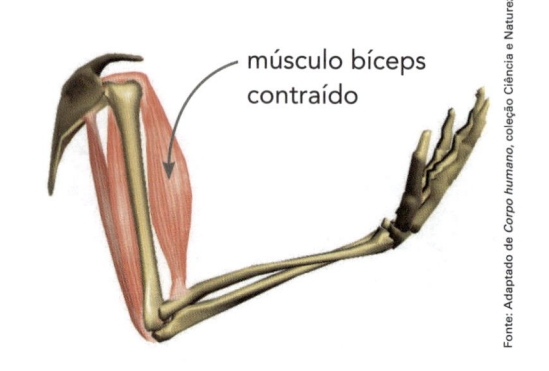

a) O que acontece quando contraímos o músculo bíceps?

_____

b) Que parte do invento mostrado na página 137 seria comparável aos ossos do nosso braço?

_____

c) Que parte do invento mostrado na página 137 seria comparável aos músculos do nosso braço?

_____

138 UNIDADE 4

2 Leia o texto e dê um título a ele. Depois, complete as lacunas dos dois últimos parágrafos com o termo mais adequado do banco de palavras.

CONTRAÍDO   RELAXADO

_____

Como é que você mexe o seu braço?

A primeira coisa que você precisa saber é que dentro do seu braço existem músculos e ossos. Estes estão ligados por tendões.

Vamos agora analisar o que acontece quando contraímos e relaxamos um dos músculos do braço: o bíceps. O bíceps é o músculo que sentimos quando flexionamos o braço, ou seja, quando "fazemos o muque".

Ponha a sua mão esquerda sobre o bíceps do braço direito (veja na figura A). Estenda o braço. Você sentirá o seu bíceps _____.

Agora, flexione o braço (veja na figura B). Você sentirá seu bíceps _____.

Em síntese, quando mexemos o braço, músculos estão contraindo ou relaxando. E quando os músculos se contraem ou relaxam, eles movimentam os ossos aos quais estão ligados.

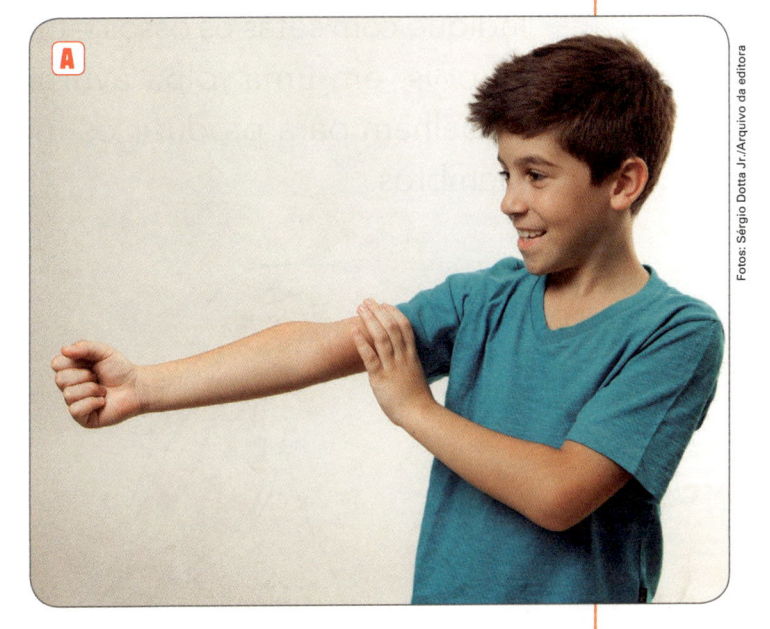

3 Um aluno começou a escrever um resumo do texto. Termine de escrever esse resumo com suas palavras.

> Em síntese, é isso o que acontece quando você flexiona o braço: o músculo _____ e os ossos do antebraço _____. Já quando você estende o braço, o músculo _____ e os ossos do antebraço _____.

4 Indique com setas os ossos e os músculos nas imagens. Depois, em uma folha avulsa, explique como eles trabalham para produzir os movimentos desses dois membros.

ATENÇÃO!
Nos desenhos foram utilizadas cores fantasia para melhor visualização dos elementos da ilustração.

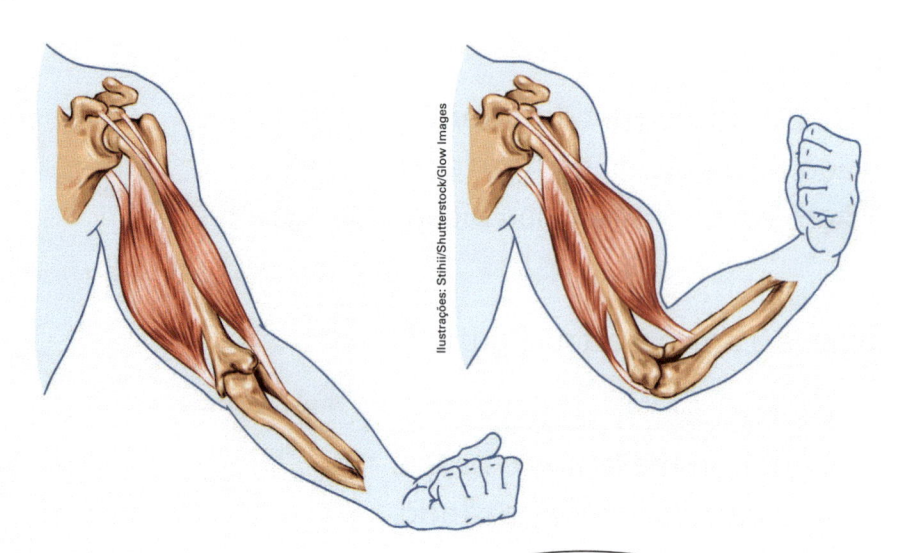

5 Leia ao lado a fala da menina. Você concorda com o que ela disse? Justifique a sua resposta.

> Quando nos movimentamos, os ossos aumentam e diminuem de tamanho. Os músculos acompanham o movimento dos ossos.

_____
_____
_____
_____

140 UNIDADE 4

6 Observe as imagens e identifique: o que as pessoas estão fazendo para erguer uma carga exigindo menos esforço de seus músculos? Responda abaixo.

_____

_____

_____

7 Agora, com lápis de cores diferentes, na última imagem da história em quadrinhos, indique:

a) com uma seta o sentido da força que os trabalhadores fazem para erguer a carga;

b) com outra seta o sentido da força que indica a tendência da carga para cair.

CAPÍTULO 10 **141**

Atenção ao erguer cargas

Vamos conhecer como deve ser a postura de nosso corpo ao erguer uma carga!

1 Veja as imagens a seguir e descubra o que aconteceu com a criança que precisou levantar uma caixa pesada. Depois dê um título para a história.

_____

1

2 Deixe-me ajudá-lo. Vou tirar alguns objetos.

3 Espere. Antes de pegar a caixa vou explicar como você tem de fazer. Você precisa ficar na posição adequada.

Ajoelhe-se sobre uma perna e mantenha a outra flexionada com o apoio do pé. Contraia o seu abdômen, como se estivesse afundando o umbigo.

Traga a carga sobre a coxa. Continue contraindo o abdômen.

Eleve a caixa. Lembre-se: para evitar machucar as costas, sempre mantenha o abdômen _____.

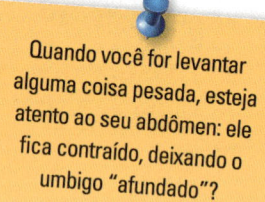

Quando você for levantar alguma coisa pesada, esteja atento ao seu abdômen: ele fica contraído, deixando o umbigo "afundado"?

4 **5** **6**

2 Agora, responda:

a) Qual foi a primeira coisa que o adulto fez para ajudar a criança?

_____

b) Complete o texto do último balão.

142 UNIDADE 4

3 Vamos conversar com uma fisioterapeuta. Essa profissional pode nos dar conselhos sobre os cuidados que devemos ter com nossa postura (ao levantar cargas ou no dia a dia em geral).

Com a palavra...

O que faz um fisioterapeuta?

O fisioterapeuta é um profissional da área da saúde que trabalha essencialmente na reabilitação física das pessoas. Podemos tratar doenças e lesões relacionadas aos músculos, aos ossos em geral e à nossa coluna vertebral em particular.

Quais seriam alguns problemas comuns que ocorrem nas crianças que procuram sua ajuda?

Algumas crianças que se tratam comigo têm problemas ortopédicos em diferentes partes do corpo: cotovelo, tornozelo, joelhos, mãos, por exemplo. Também há crianças com problemas na coluna, geralmente relacionados a alterações e a vícios posturais.

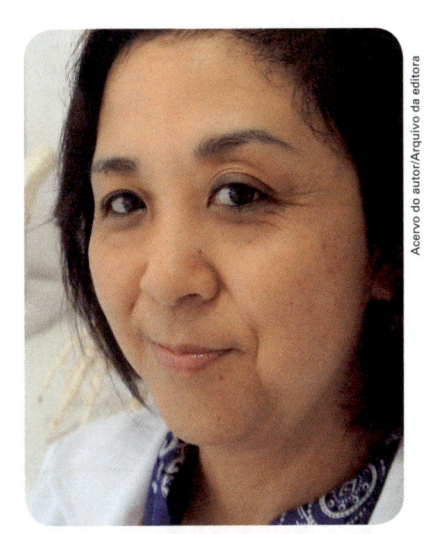

Então, temos sempre de estar atentos à nossa postura?

Sim, é sempre importante estar muito atento à posição do seu corpo. Mas ainda em situações como, por exemplo, levantar uma carga. Se levantarmos uma carga com uma postura incorreta haverá uma sobrecarga na coluna vertebral, o que pode até causar dor.

Sonia Takara é fisioterapeuta. Em seu consultório ela atende adultos e crianças.

Qual seria a melhor postura para ficar sentado na carteira da escola, ou no computador e na TV em casa?

As costas devem estar retas e apoiadas no encosto. Os ombros devem estar relaxados e os braços sobre um apoio. Os pés devem estar no chão ou apoiados. Deve haver um ângulo de 90 graus dos joelhos em relação aos quadris. Importante: evite sentar em cadeiras sem encosto e em sofás muito fofos!

Quais outros conselhos você daria para as crianças?

Criança tem que se movimentar! Com o corpo em atividade regularmente você pode melhorar sua capacidade física. Por isso, não fique muito tempo assistindo à TV, ou na frente do computador. Também é importante sentar-se adequadamente e em locais apropriados: evite mesas muito baixas ou sentar-se no chão para fazer uma tarefa.

4 Responda:

a) O que fazem os fisioterapeutas?

_____

_____

b) Para você, qual foi a orientação mais importante dada pela fisioterapeuta? Explique-a.

_____

_____

5 Analise as fotos que mostram posições corretas para sentarmos. Escreva uma legenda explicando cada imagem. Use os termos do banco de palavras.

QUADRIL   PERNAS   PÉS   BRAÇOS   OMBROS   COSTAS

144 UNIDADE 4

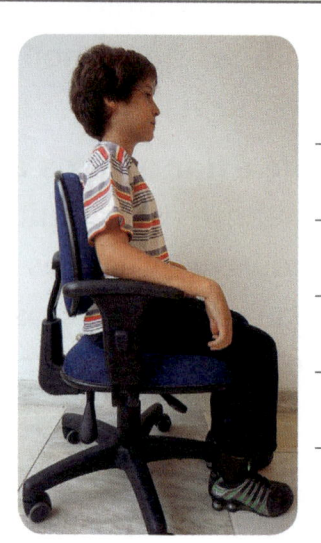

6 Analise as imagens, troque ideias com os colegas e explique:

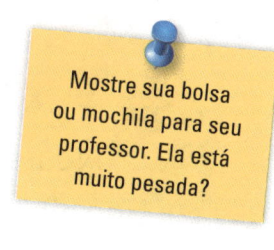

Mostre sua bolsa ou mochila para seu professor. Ela está muito pesada?

Posição correta dos ombros e da coluna.

Posição incorreta dos ombros e da coluna.

a) Qual a posição correta para se carregar bolsas ou mochilas?

_____

b) Se a bolsa ou mochila for muito pesada, o que pode acontecer com a nossa postura?

_____

7 As invenções podem ser usadas no nosso dia a dia. No espaço para as legendas explique: para que serve cada uma destas invenções?

Apoio lombar

Apoio para os pés

_____   _____
_____   _____

CAPÍTULO 10   **145**

Vamos ver de novo?

Neste capítulo vimos que quando os músculos se contraem ou relaxam, levam com eles os ossos que, assim, acabam se movimentando.

Considere nosso braço. Quando o músculo bíceps se contrai, os ossos do antebraço são erguidos. Assim, fazemos o movimento de flexionar o braço.

Vimos também que, para erguer uma carga fazendo menos esforço, podemos usar invenções, como as rampas (ou planos inclinados) e as polias com cordas. Ambas são usadas frequentemente na construção de casas e edifícios.

Mas, ao erguer cargas, temos de estar atentos! Devemos apoiar as pernas na posição correta, além de evitar curvar as costas. Também é aconselhável manter a região do abdômen contraída, como se estivesse puxando o umbigo para dentro.

Como costumamos ficar sentados durante bastante tempo, devemos prestar muita atenção em como nos sentamos.

Por isso, devemos apoiar os dois pés no chão, deixando o joelho dobrado. Nosso bumbum deve ser colocado para trás, de maneira que fique bem apoiado. A parte de baixo das costas, chamada de região lombar, deve preservar a curvatura normal da coluna.

Repare na sua postura ao se sentar e, se for necessário, corrija-a!

146 UNIDADE 4

1. Com base no que você estudou neste capítulo:

   a) Explique o que ocorre com os ossos e os músculos do seu braço quando ele é flexionado.

   _____

   _____

   b) Dê exemplos de invenções que facilitam o trabalho de erguer cargas.

   _____

2. Observe as imagens abaixo. Marque com um **X** a imagem em que a criança está sentada em uma posição adequada.

Troque ideias com seus colegas: você tem reparado na sua postura?

CAPÍTULO 10   147

CAPÍTULO 11
Invenções: meios de transporte

Como mover objetos fazendo menos esforço?

148 UNIDADE 4

O que já sei...

- Troque ideias com seus colegas: na foto da página anterior, por que foram colocados troncos sob o barco?

- Com seus colegas, faça uma lista – o mais longa possível – de diferentes meios de transporte.

- Entreviste seus colegas e preencha, em uma folha avulsa, um quadro como este.

Compartilhe com a classe os resultados das entrevistas.

Nome do entrevistado	Perguntas e respostas		
	1. De que meio de transporte você mais gosta?	2. Qual é o transporte que você costuma usar?	3. Qual é um meio de transporte que você nunca usou, mas gostaria de experimentar?
Felipe	ônibus	ônibus	avião

Atividade prática

Que tal criarmos um invento para transportar carga?

- Separe tudo de que você vai precisar: uma caixa de papelão pequena, um lápis, um elástico, fita-crepe e a carga a ser transportada (por exemplo, diferentes brinquedos).

- Com a ponta do lápis faça um pequeno furo no papelão. Passe o elástico por esse furo e prenda o lápis, conforme mostra a imagem abaixo e à esquerda.

- Use a fita-crepe para manter tudo firmemente preso à caixa.

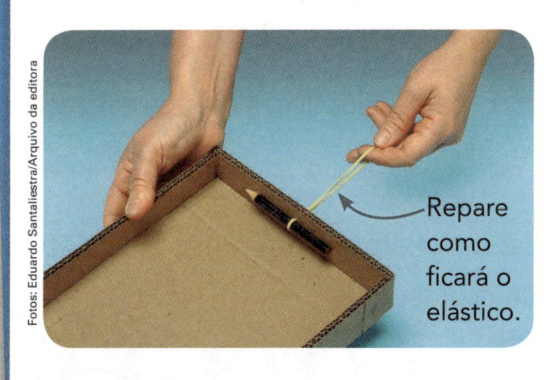

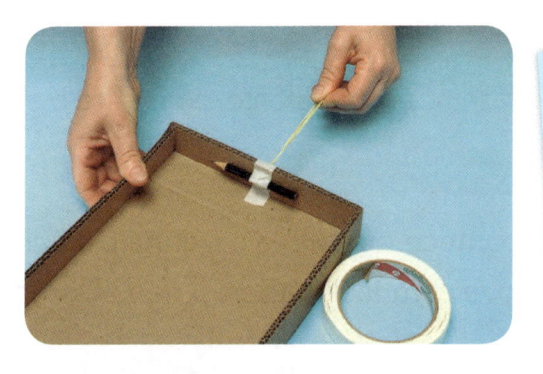

Repare como ficará o elástico.

VAMOS LER?

- *As caixas que andam.* Jandira Mansur. São Paulo: Ática, 2010.
- *A fantástica máquina dos bichos.* Ruth Rocha. São Paulo: Salamandra, 2009.

CAPÍTULO 11 149

Invenções simples e engenhosas

Vamos explorar invenções que nos ajudam a mover cargas para cá e para lá?

1 Algumas crianças usaram o invento que construíram na atividade prática para transportar brinquedos. Observe as três situações:

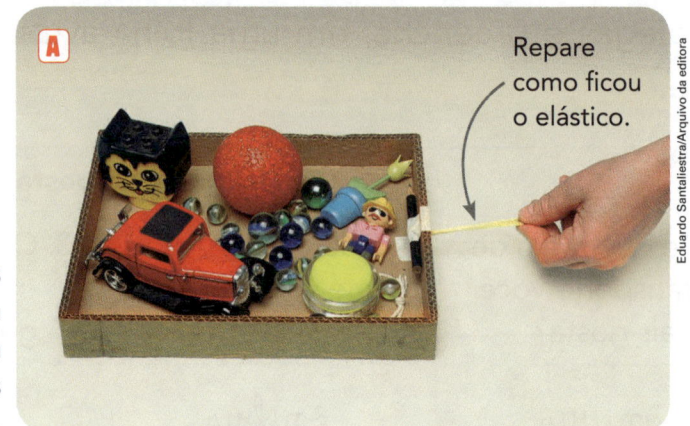

A Repare como ficou o elástico.

De início, uma das crianças puxa pelo elástico a caixa com alguns objetos.

B Repare como ficou o elástico.

Nessa situação, a caixa está bem mais cheia.

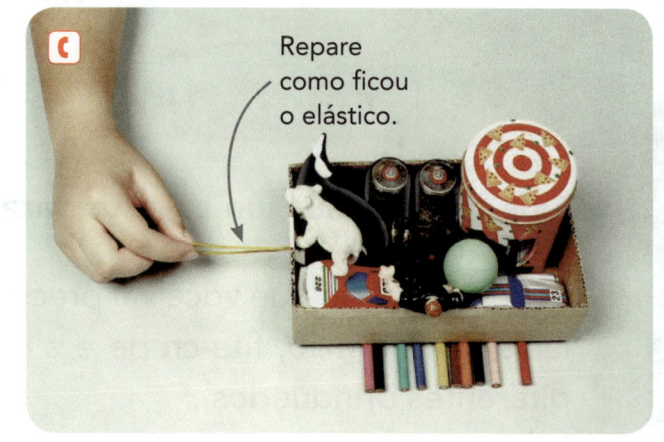

C Repare como ficou o elástico.

Agora, uma das crianças puxa a caixa ainda bem cheia. Porém, foram colocados vários objetos roliços – no caso, lápis – sob a caixa de papelão.

2 Agora, responda:

a) Quando fazemos mais esforço, como fica o elástico: mais esticado ou menos esticado?

_____

b) O que acontece quando a caixinha está cheia e a puxamos sem o uso de roletes: ela se move com facilidade ou não? Como fica o elástico?

_____

150 UNIDADE 4

3 Termine de preencher este quadro, que traz um resumo das observações feitas nas atividades com o invento para transportar brinquedos.

	A caixa se movimentou?	Quanto o elástico foi esticado?
	Sim.	Esticou um pouco.

4 Troque ideias com seus colegas e com o professor e depois responda:

a) Por que você acha que o elástico estica mais em uma situação do que em outra?

_____
_____
_____

b) Podemos concluir que, para puxar a caixa que está sobre vários roletes, usamos mais força ou menos força? Explique.

_____
_____

VAMOS LER?
- *Era uma vez um táxi abracadabra.* Bia Villela. São Paulo: Escala, 2010.
- <www.canalkids.com.br/tecnologia/transporte/index.htm>, acesso em jun. 2014.

CAPÍTULO 11 **151**

5 Leia o texto a seguir e, depois, dê um título a ele.

Você sabe explicar por que, nas atividades anteriores, o elástico esticou às vezes mais, às vezes menos?

A resposta é simples: porque, para movimentar a carga na caixa, tivemos de aplicar uma força nela. Ao esticar, o elástico nos dá uma ideia da força aplicada. Veja só:

1. Quanto maior a carga, mais força é necessário fazer para a caixa se mover, e o elástico estica mais.
2. Quanto menor a carga, menos força é necessário fazer para promover o movimento da caixa, e o elástico estica menos.

Foi por isso que, quando a caixa estava com "carga total", mal conseguimos movê-la – e o elástico ficou mais esticado do que nas situações anteriores.

Algumas invenções simples e engenhosas, como os roletes, facilitam o transporte de cargas.

É usando roletes que pescadores, como os mostrados na imagem do início deste capítulo, retiram seus barcos da água e os movem em terra firme.

Não se sabe ao certo, mas é provável que a roda tenha sido inventada como um aperfeiçoamento dos roletes, há milhares de anos.

Enquanto os roletes ficam soltos embaixo de um objeto, as rodas de um veículo ficam em um eixo que está preso a ele.

---

6 Em uma folha avulsa, faça um desenho para ilustrar esse texto.

7 Qual é a invenção "simples e engenhosa" à qual o texto se refere? Na sua opinião, essa invenção é realmente simples e engenhosa ou não? Explique.

• **engenhosa:** criativa, inventiva.

8 Observe as fotos abaixo que estão com as legendas incompletas. Termine de escrevê-las usando os termos do banco de palavras:

FORÇA   MOVIMENTO

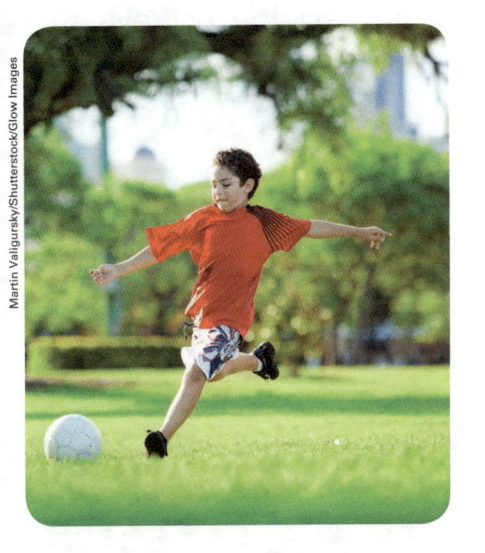

Quando chutamos a bola, aplicamos uma _____ que provoca o _____ dela.

Para provocar o _____ _____ é necessário aplicar uma _____.

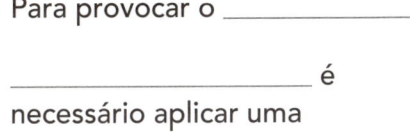

Para que ocorra o _____ _____ da bolinha de tênis de mesa, é necessário aplicar nela uma _____.

9 Converse com os colegas e escreva um texto que explique como os pescadores resolveram o problema de movimentar o barco em terra firme. Na sua resposta utilize as palavras "força", "movimento" e "roletes".

_____
_____
_____
_____

DESAFIO Faça um debate com seus colegas de classe sob a orientação do professor: como seria o nosso dia a dia se a roda não tivesse sido inventada?

CAPÍTULO 11   **153**

Que meios de transporte eu uso?

Que meio de transporte você usa para ir até a escola?

1 Observe nas fotos como as crianças vão para a escola. Em seguida, escreva uma legenda para cada imagem.

2 No espaço abaixo, faça um desenho e uma legenda mostrando o meio de transporte que você usa para chegar até a escola.

3 Leia o texto e depois responda às questões.

Os meios de transporte e nós

O meio de transporte que você usa para ir até a escola tem rodas? Ele é movido a quê?

No dia a dia, muitas crianças vão para a escola em veículos automotores que possuem rodas. São carros, *vans* e ônibus, que funcionam com motores geralmente movidos à base de **combustível** derivado do petróleo.

Mas nem sempre é assim!

Em alguns locais as crianças vão para a escola em canoas a remo, em bicicletas, em charretes. Para mover esses meios de transporte é necessária a força muscular de algum ser vivo.

Antigamente, veículos movidos a tração animal, como os carros de boi e as carroças, eram meios de transporte muito comuns. Também eram comuns as embarcações movidas a remo e a vento.

Hoje em dia, a maioria das embarcações é movida a motores que usam combustíveis.

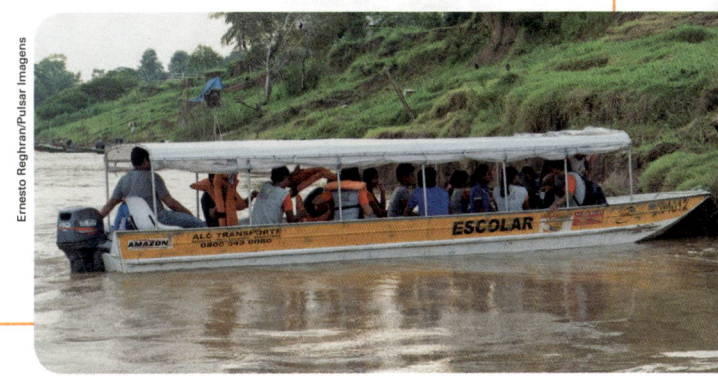

4 Agora, responda:

a) O que significa ser movido a "tração animal"?

_____

b) Nos dias de hoje, a maioria dos meios de transporte são movidos a quê?

_____

c) E antigamente? Como era movida a maioria dos meios de transporte?

_____

_____

DESAFIO Faça uma pesquisa sobre dois meios de transporte. Procure apresentar os resultados de sua pesquisa em fichas, indicando a que esses meios de transporte são movidos.

CAPÍTULO 11 **155**

5 Identifique os meios de transporte e classifique-os de acordo com o banco de palavras.

> MOVIDO A TRAÇÃO ANIMAL   MOVIDO A VENTO   MOVIDO A COMBUSTÍVEL

VAMOS LER?
- *O trenzinho do Nicolau*. Ruth Rocha. São Paulo: Salamandra, 2009.
- <www.smartkids.com.br/especiais/invencoes.html>, acesso em jun. 2014.

6 A cruzadinha dos meios de transporte já está resolvida. Elabore uma pergunta para cada item da cruzadinha, indicando a que o meio de transporte é movido.

```
          1.   2.
          C    C
          A    A
    3. T  R E  M
          R    I
 4. N A V I O  N
          H
          Ã
    5. A V I Ã O
```

156 UNIDADE 4

7 Leia o poema e tente reproduzir o som do meio de transporte a que o texto se refere.

O trem "bão" demais!

Antigamente eu era Maria
Queimava lenha, soltava fumaça
Andava por aí a todo vapor

Hoje sou elétrico ou a *diesel*
Posso até andar suspenso
Como que flutuando nos trilhos

Carrego gente, carrego milho
Carrego ferro
Carrego meninos

Mas não interessa a que sou movido
O que carrego
Nem se sou dos mais antigos

O que interessa é que movimento muito mais do que digo
Eu mexo com o coração
E as memórias das pessoas que passam pelos meus trilhos

> Converse com seu professor e seus colegas sobre o significado da expressão: "O trem 'bão' demais!".

8 Agora, responda:

a) Qual é o meio de transporte que é tema do poema que acabamos de ler?

_____

b) Segundo o texto, como esse meio de transporte pode ser movido?

_____
_____

c) O que esse meio de transporte pode carregar? Escreva alguns exemplos citados no poema.

_____
_____

DESAFIO Agora é a sua vez! Que tal fazer um poema para falar de um meio de transporte? No seu texto procure indicar a que ele é movido e para que é usado.

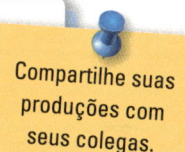

> Compartilhe suas produções com seus colegas.

Vamos ver de novo?

Neste capítulo exploramos invenções que facilitam o movimento.

Investigamos que é necessário aplicar uma força para iniciar o movimento de algo que está em repouso. Usamos elásticos para ter uma ideia da intensidade dessa força.

Verificamos que para começar a movimentar uma caixinha cheia de brinquedos, o elástico pelo qual a puxamos estica bastante. Isso significa que, para começar a movimentar uma caixa cheia de carga, temos de fazer bastante força.

Mas, se utilizarmos roletes e rodas, podemos movimentar essa mesma caixa com menos força.

Os roletes são como "bastões". Eles podem ser colocados na parte de baixo do objeto a ser movimentado. São muito usados por pescadores para retirar seus pequenos barcos da água.

Um aperfeiçoamento dos roletes são as rodas em eixos, que ficam presos ao objeto que é movimentado. Nas extremidades desses eixos são colocadas as rodas, que giram livremente.

Hoje em dia há o predomínio de meios de transporte movidos a motor. Estes consomem, geralmente, combustíveis derivados do petróleo.

Antigamente era mais comum encontrarmos meios de transporte que não eram movidos a motor, por exemplo, os veículos movidos a tração animal, que dependem da força muscular de um ser vivo para se movimentar. Podemos citar como exemplos os carros de boi e as carroças; e as bicicletas e os carrinhos de mão, movidos graças à força muscular humana.

158 UNIDADE 4

1 Com base no que você estudou neste capítulo:

a) Explique com suas palavras: o que é força?

_____

_____

b) Cite exemplos de invenções que facilitam o movimento de objetos, pois, com a ajuda delas, é preciso usar menos força.

_____

2 Converse com seus colegas e escreva quais das invenções são movidas pela ação do vento, quais são movidas a combustível e quais são movidas a tração "animal".

_____

CAPÍTULO 11   **159**

CAPÍTULO 12

Invenções: a tecnologia por trás da bicicleta

A bicicleta sempre foi desse jeito?

O que já sei...

- Você sabe andar de bicicleta?
- Em uma folha avulsa, faça um desenho de como você imagina que era uma bicicleta no passado.
- Pense bem e responda: quando você dá uma volta nos pedais de uma bicicleta, quantas voltas você acha que a roda traseira dá?

Atividade prática

Que tal construir uma bicicleta usando massa de modelar?

- Faça as partes da bicicleta separadamente: rodas, guidão, quadro, selim.

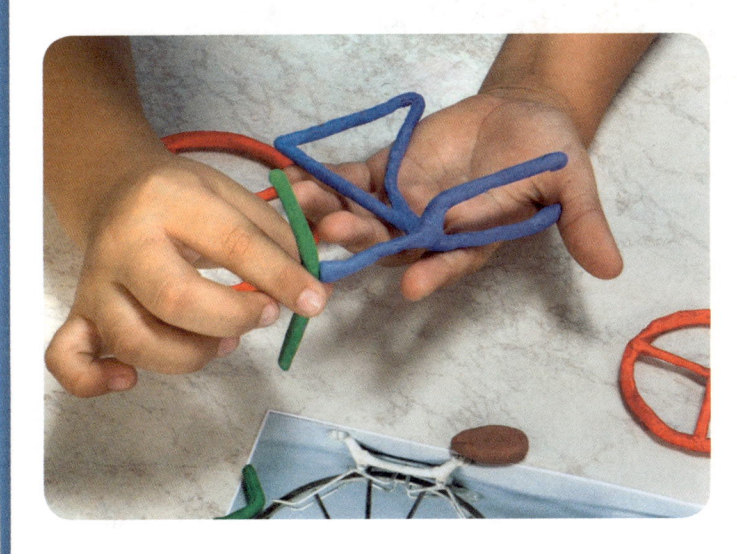

- Fixe o guidão e o selim no quadro. Fixe as rodas.

- Brinque de fazer bicicletas diferentes: você pode fazer bicicletas mais antigas e também mais modernas.

CAPÍTULO 12   **161**

O mecanismo da bicicleta

Quando pedalamos a bicicleta, ela se move. Mas de que maneira isso acontece?

1 Observe a imagem e complete as lacunas com o nome das partes de uma bicicleta. Use os termos do banco de palavras.

RODA	ESPELHO RETROVISOR	CAMPAINHA	GUIDÃO
REFLETOR	QUADRO	REFLETOR	FREIO
FREIO	PEDAIS	RODA	CORRENTE	COROA

catraca

Fonte: Adaptado de *Os transportes*, coleção Minha Primeira Enciclopédia.

2 Alguns alunos fizeram uma síntese sobre a função de diferentes partes da bicicleta. Relacione cada frase com o nome da parte da bicicleta a que se refere.

a) Ligado à roda dianteira, serve para guiar a bicicleta.

b) Feito com tubos de metal, forma a armação da bicicleta.

c) Impedem as rodas de girar.

d) A dianteira controla a direção da bicicleta; a traseira movimenta a bicicleta para a frente.

e) Fazem a corrente girar.

f) Conecta os pedais com a roda traseira.

g) Está acoplada aos pedais e à corrente.

h) Está acoplada à corrente e à roda traseira.

☐ CATRACA
☐ GUIDÃO
☐ PEDAIS
☐ QUADRO
☐ COROA
☐ RODAS
☐ FREIOS
☐ CORRENTE

3 Leia o texto a seguir e dê um título a ele.

_____

   Você sabe andar de bicicleta? E você sabe explicar como ela funciona?
   A bicicleta pode parecer algo simples demais. No entanto, ela é um invento dos mais engenhosos.
   A força de nossas pernas faz girar os pedais. Estes estão grudados à coroa, que acaba girando também.
   Uma corrente acoplada à coroa transmite a força do movimento para a catraca, uma engrenagem que está na roda traseira.
   À medida que a catraca gira, a roda traseira também gira e a bicicleta se move.
   Se você variar o tamanho da coroa e da catraca, terá *performances* diferentes da bicicleta. É isso o que acontece na bicicleta com marchas.

• **performance:** desempenho, atuação.

4 O texto fala de uma invenção simples e engenhosa. Que invenção é essa?

_____

5 Dê outros exemplos de invenções simples e engenhosas que já foram estudadas nesta unidade.

_____

_____

6 No espaço abaixo, faça um desenho para ilustrar o texto acima.

CAPÍTULO 12   **163**

O uso da corrente representou uma verdadeira revolução no funcionamento da bicicleta.

7 Com um colega investigue quantas voltas dá a catraca quando a coroa da bicicleta gira uma vez!

- Peguem dois lápis e, em volta de cada um deles, façam com massa de modelar: um cilindro com 2 cm de largura para representar a coroa e os pedais; e um cilindro com 1 cm de largura para representar a catraca com a roda traseira.

- Conectem os cilindros usando um elástico que representa a corrente da bicicleta. Façam uma marca colorida nos cilindros e movimentem o mecanismo.

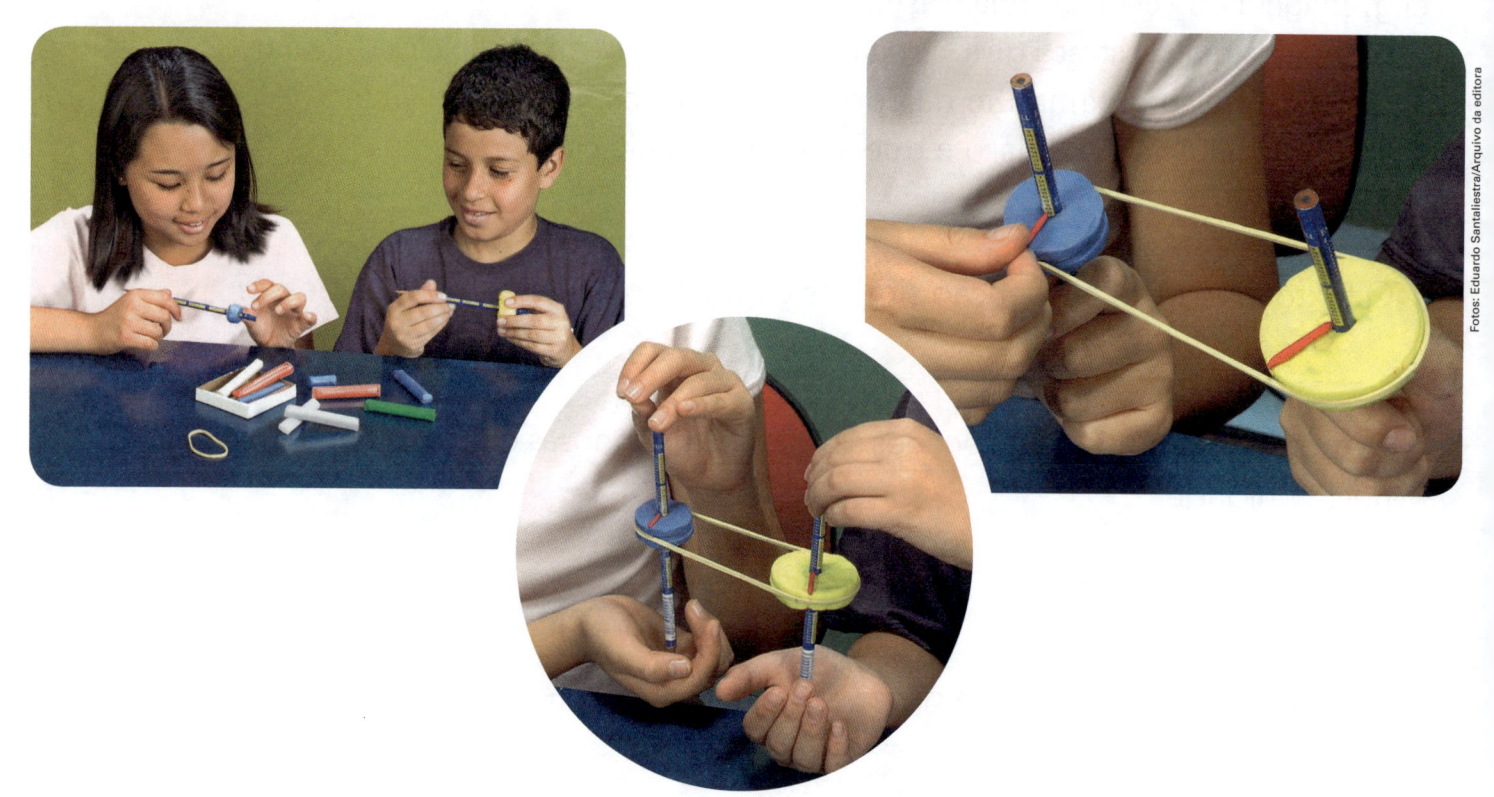

8 Depois de ter feito os testes, responda: quantas voltas dá o cilindro menor do seu mecanismo quando o cilindro maior dá uma volta completa?

_____

9 Troque ideias com os colegas e responda: se a coroa fosse menor do que a catraca, como é que seria pedalar a bicicleta?

_____

10 Em uma conferência de inventores apareceram várias ideias de como o mecanismo da bicicleta poderia ser modificado.

Mecanismo 1

Mecanismo 2

Com um colega, analise as propostas de mecanismos apresentadas acima, preenchendo o quadro a seguir.

Troque ideias com os colegas e formulem um julgamento: na opinião de vocês, qual seria a proposta de mecanismo mais interessante para ser usada nas bicicletas?

	Mecanismo 1	Mecanismo 2
Descrição	Duas engrenagens estão acopladas a uma corrente.	
Corresponde ao mecanismo das atuais bicicletas?		
Em que sentido a engrenagem final se move, quando a primeira engrenagem é girada no sentido indicado pela seta?	No mesmo sentido.	
Como a bicicleta se moveria?	Normalmente, como as bicicletas atuais.	

CAPÍTULO 12   165

A história da bicicleta

Já estudamos o mecanismo das bicicletas. Mas as bicicletas nem sempre foram como as que conhecemos hoje em dia. Que tal conhecer um pouco da história dessa grande invenção!

1 Um aluno criou alguns esquemas para auxiliá-lo na compreensão do texto abaixo. Porém, algumas partes não foram completadas. Leia o texto, observe as imagens e complete os esquemas que começaram a ser feitos.

Uma breve história da bicicleta

A primeira bicicleta que surgiu no mundo, por volta de 1817, não tinha pedais: o condutor precisava dar longas passadas para impulsionar a bicicleta com os pés.

1817.

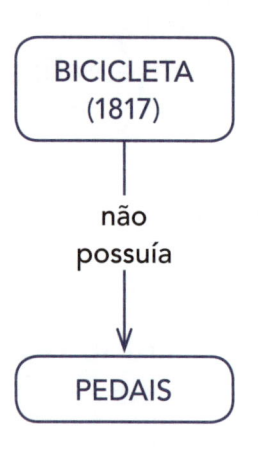

Com a invenção dos pedais, não era mais preciso impulsionar a bicicleta com os pés no chão. Inicialmente os pedais foram colocados nas rodas dianteiras. Quanto maiores as rodas dianteiras da bicicleta, maior era a velocidade que ela conseguia atingir. Por isso é que as bicicletas de 1860 tinham rodas dianteiras tão grandes, como as que você vê na imagem ao lado.

Após a adaptação de correntes, as bicicletas voltaram a ter as duas rodas do mesmo tamanho. Os pedais foram conectados à corrente, movimentando a roda traseira.

1860.

BICICLETA (1817)
↓ não possuía
PEDAIS

BICICLETA (1860)
↓ possuía
PEDAIS
↓ ficavam na
_____

166 UNIDADE 4

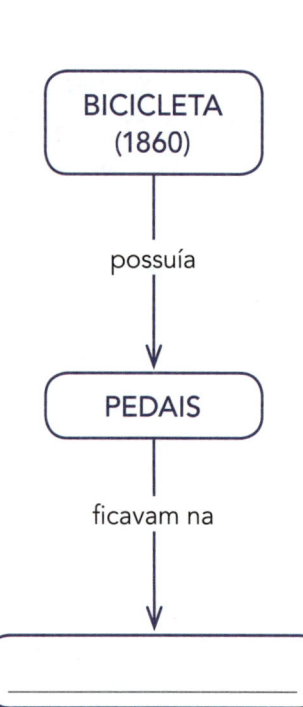

```
BICICLETA  ──possuía──▶  PEDAIS  ──ficavam conectados à──▶  _____
(1890)
```

1890.

E também começaram a ser utilizados pneus com câmaras cheias de ar, o que tornou a movimentação com a bicicleta mais confortável.

Assim era a bicicleta de 1890, como a que você vê na foto ao lado.

Nos últimos anos, as bicicletas ganharam muitas inovações, como marchas, rodas e pneus mais leves e freios melhores.

Além disso, as bicicletas voltaram a ser usadas por muitas pessoas, pois, além de não poluírem o ar, são uma opção saudável de locomoção.

```
BICICLETA  ──não contribui para o aumento da──▶  POLUIÇÃO
```

Ciclistas durante a 1ª etapa do *Tour* ciclístico da Polônia.

CAPÍTULO 12   **167**

2 Depois da leitura, complete o quadro comparativo das bicicletas do século XIX.

Ano da bicicleta	Possuía pedais?	Onde ficavam os pedais?
1817		
1860		
1890		

3 Observe as fotos de ciclistas de diferentes épocas e suas bicicletas. Quais são as diferenças entre os ciclistas e as bicicletas de diferentes épocas?

2012.

1860.

_____
_____

4 Complete os esquemas com os termos do banco de palavras:

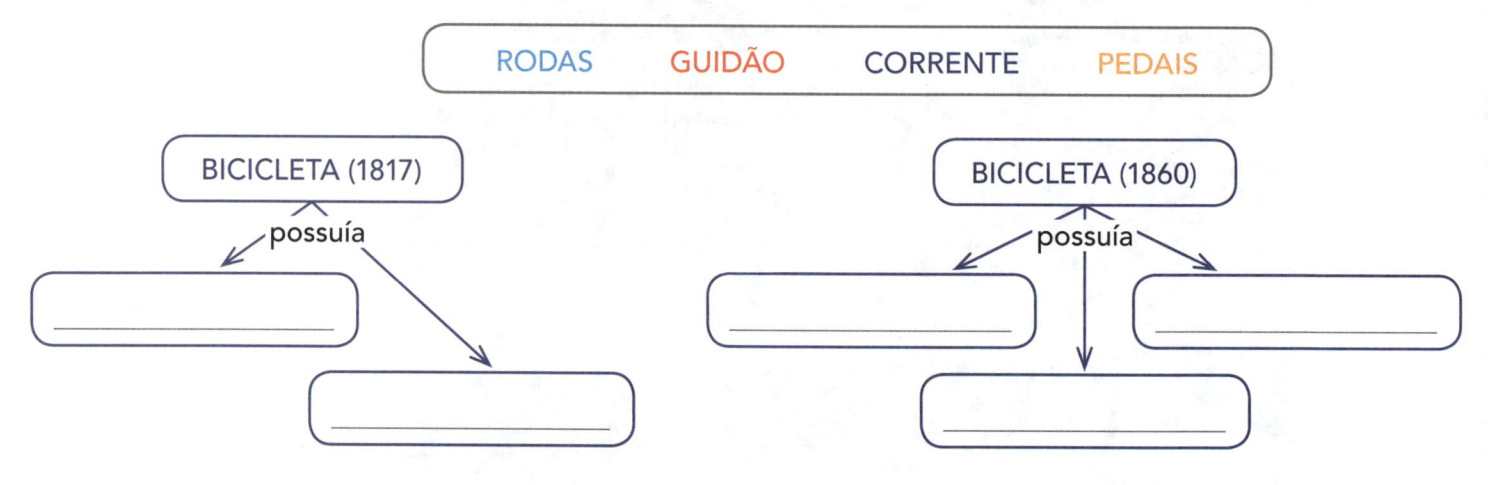

RODAS   GUIDÃO   CORRENTE   PEDAIS

BICICLETA (1817)
possuía

BICICLETA (1860)
possuía

168 UNIDADE 4

5 Estamos no futuro! Faça um desenho mostrando os meios de transporte característicos dessa época. Inclua no seu desenho a sua bicicleta do futuro.

Compartilhe seu desenho com seus colegas.

Vamos ver de novo?

Neste capítulo exploramos mais a fundo uma invenção: a bicicleta.

A primeira bicicleta, do começo do século XIX, sequer tinha pedais.

No início da segunda metade do século XIX, as bicicletas já tinham pedais; eles ficavam ligados à roda dianteira, que era muito maior do que a roda traseira.

Foi somente no final do século XIX que as bicicletas ganharam uma corrente acoplada aos pedais.

Na bicicleta atual, à medida que os pedais são girados, a corrente presa à coroa se movimenta. Esse movimento da corrente é transmitido para a catraca, que fica na roda traseira. E aí a roda traseira acaba girando também.

Como geralmente a coroa é maior do que a catraca, ao dar uma volta nos pedais, a roda traseira dará mais de uma volta.

De acordo com o Código Brasileiro de Trânsito, as bicicletas devem ter campainha, espelho retrovisor e refletores (nas partes dianteira e traseira e nos pedais). Também é importante que os ciclistas usem capacete. Você toma todos esses cuidados ao andar de bicicleta?

170 UNIDADE 4

1. Preencha a linha do tempo do século XIX, indicando os anos: 1817, 1860 e 1890. Em seguida, associe com um traço qual modelo de bicicleta corresponde a cada época.

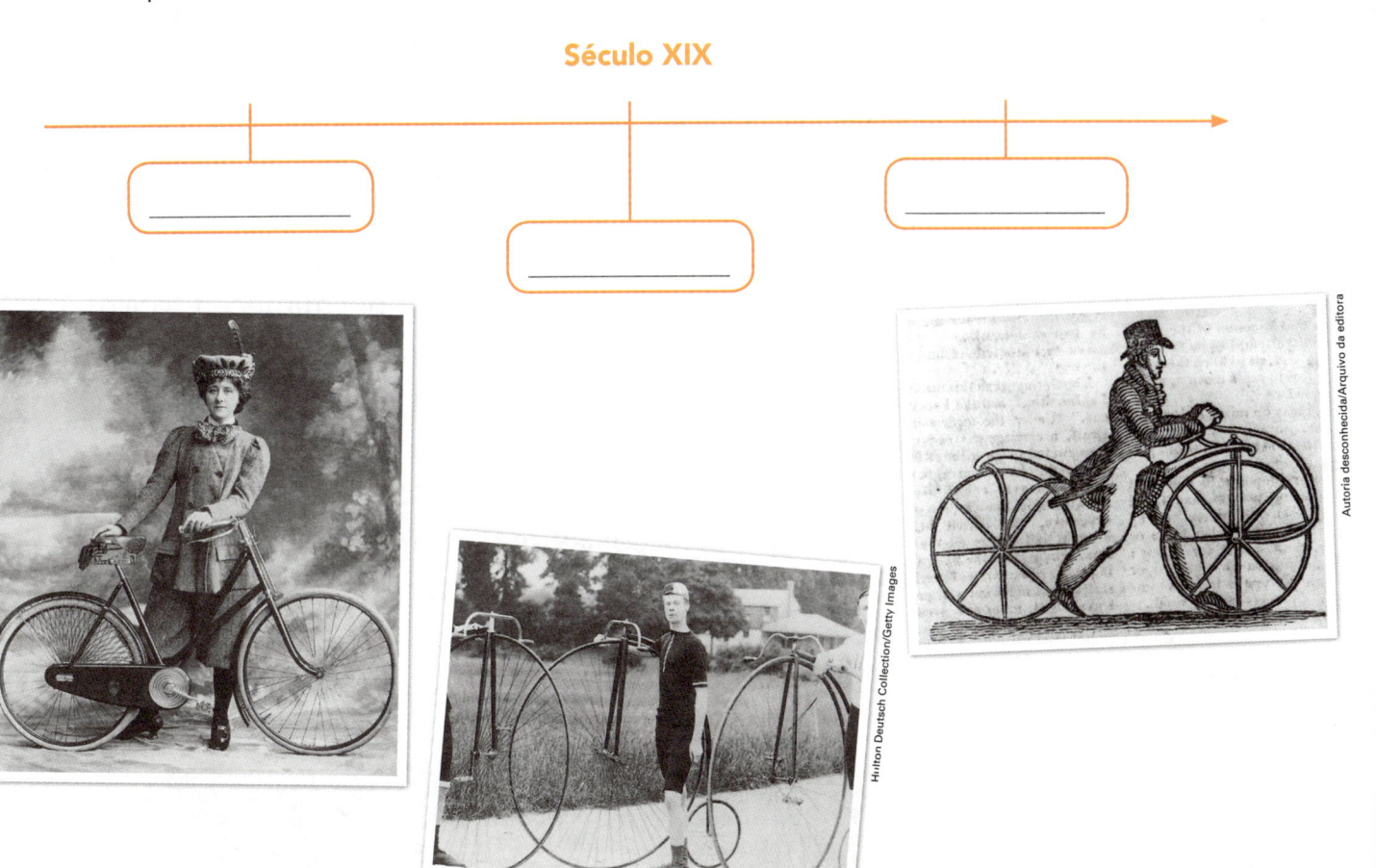

Século XIX

2. Em uma folha avulsa, faça uma sequência de pelo menos três desenhos para explicar o funcionamento de uma bicicleta, desde o começo de uma pedalada. Em seus desenhos, indique com setas: a coroa, a catraca, a corrente e as rodas da bicicleta.

3. Como deve ser o tamanho da coroa em relação à catraca em uma bicicleta para que a roda traseira gire mais de uma vez com uma só pedalada?

_____
_____

CAPÍTULO 12 **171**

Trançando saberes

1 Leia o texto e conheça um local onde os meios de transporte antigos se tornaram uma tradição.

O bondinho de Santa Teresa

Santa Teresa precisa dos bondes, da alegria dos bondes. Os passageiros gostam de se sentar nos seus bancos, vivenciar a paisagem do bairro, o vento gostoso. Tempos e espaços se aliam nesse passeio. [...]

A cidade do Rio de Janeiro não utiliza mais o bonde. Os carros, os ônibus, a pressa o expulsaram. Em Santa Teresa, o bonde permaneceu, porque as curvas, as ruas estreitas o pedem. Os moradores precisam dele, do seu ruído. "É muito bom isto aqui. Eu fico aqui ouvindo o passarinho cantando, lá longe um latido, e aí vem o barulho do bonde", disse uma moradora do bairro.

O barulho do bonde, a presença do bonde. O bonde é a maior referência de Santa Teresa. O tempo passa, as coisas se transformam, mas o bonde tem de permanecer. [...] Se tirarem o bonde, Santa Teresa sucumbe. Morre um pedaço do Rio de Janeiro.

Adaptado de: Lilian Fontes. *Santa Teresa*. Disponível em: <http://literaturaeriodejaneiro.blogspot.com/2006/10/bondinho-de-santa-teresa.html>, acesso em 24 jun. 2014.

2 Explique o que significa para você a frase do texto: "[...] Tempos e espaços se aliam nesse passeio."

_____

_____

3 Observe as fotos e preencha o quadro.

O que mudou?	O que permaneceu parecido?
_____	_____
_____	_____

4 Na ilustração de Santa Teresa da página anterior, vários números aparecem. Identifique todos esses números e resolva os enigmas matemáticos.

a) Sou o número que mais aparece na ilustração. Que número sou?

_____

b) Subtraindo os números do prédio pelo número da placa, você me acha: que número sou?

_____

c) Para me descobrir, some os números que aparecem nas roupas das pessoas, depois divida pelo número do bondinho. Que número sou?

_____

d) Some os números que aparecem no telefone e multiplique o resultado pelo número que aparece no bondinho. Que número eu sou?

_____

173

O que estudamos

UNIDADE 4

Nesta unidade você viu que:
- os ossos e músculos participam dos movimentos do braço e do antebraço;
- as rodas e roletes são invenções que facilitam o transporte de cargas e pessoas;
- existem diferentes meios de transporte.

Complete os esquemas que começaram a ser feitos por alunos que estavam estudando os capítulos 10, 11 e 12 deste livro. Para isso, use os termos do banco de palavras:

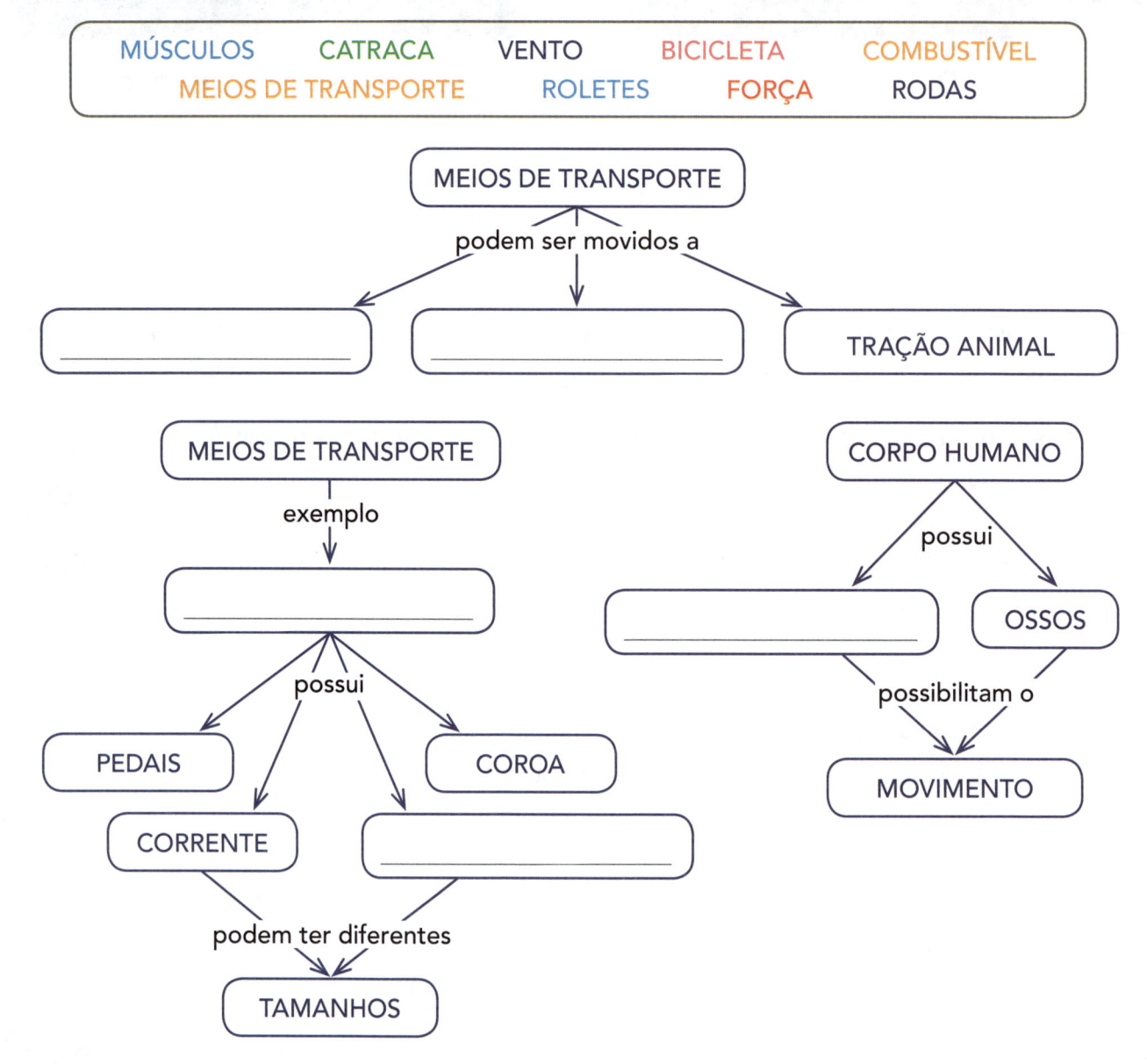

| MÚSCULOS | CATRACA | VENTO | BICICLETA | COMBUSTÍVEL |
| MEIOS DE TRANSPORTE | | ROLETES | FORÇA | RODAS |

MEIOS DE TRANSPORTE
podem ser movidos a
_____   _____   TRAÇÃO ANIMAL

MEIOS DE TRANSPORTE
exemplo
_____
possui
PEDAIS   COROA
CORRENTE   _____
podem ter diferentes
TAMANHOS

CORPO HUMANO
possui
_____   OSSOS
possibilitam o
MOVIMENTO

174

```
                    ┌─────────────────────────┐
                    │                         │
                    └─────────────────────────┘
                              podem ser
                         ↙              ↘
                   ┌─────────┐      ┌─────────┐
                   │ ANTIGOS │      │ ATUAIS  │
                   └─────────┘      └─────────┘
```

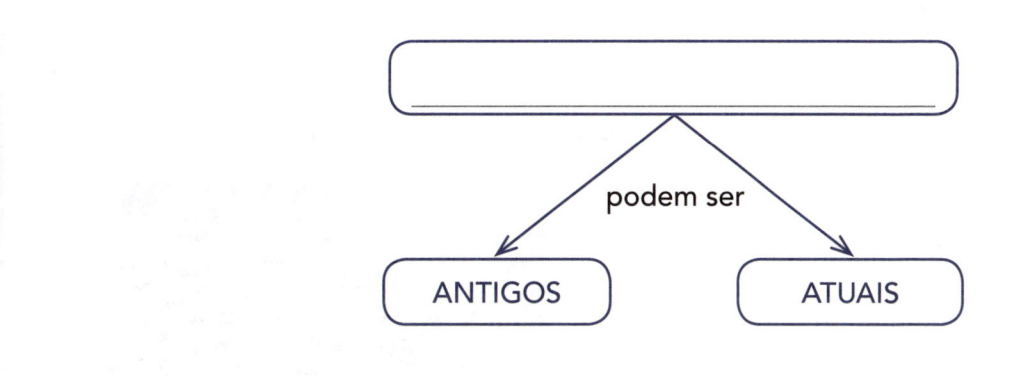

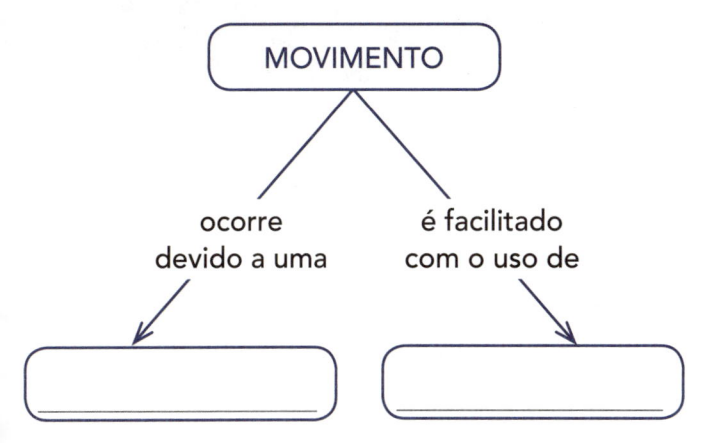

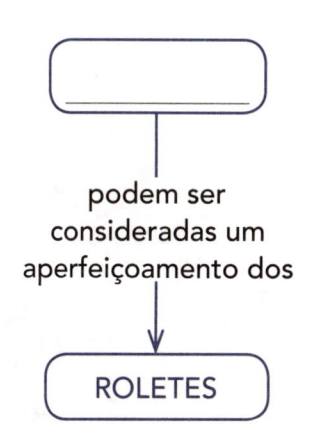

```
          ┌──────────────┐                          ┌──────────┐
          │  MOVIMENTO   │                          │          │
          └──────────────┘                          └──────────┘
          ocorre    é facilitado                    podem ser
        devido a uma  com o uso de               consideradas um
            ↙            ↘                       aperfeiçoamento dos
     ┌─────────┐    ┌──────────┐                        ↓
     │         │    │          │                   ┌─────────┐
     └─────────┘    └──────────┘                   │ ROLETES │
                                                   └─────────┘
```

Folheie as páginas anteriores e reflita sobre valores, atitudes e o que você sentiu e aprendeu nesta unidade:

- Você tem estado mais atento à forma como carrega uma mochila ou como se senta? O que você acha importante dizer para as pessoas que se sentam ou carregam mochilas com uma postura inadequada?
- Durante esta unidade, você sentiu algum impulso para inventar alguma coisa, como um meio de transporte de brinquedo, por exemplo?
- Considerando tudo o que você estudou em Ciências durante este ano, que assunto você ficou com vontade de investigar e explorar mais a fundo?

Glossário

A

Acrílico

Material sintético leve e resistente, muito usado na indústria de plásticos.

O acrílico é utilizado na fabricação de óculos, réguas, jarras, copos e outros objetos.

Pulseiras de acrílico.

Alojar

Pôr ou guardar em loja; armazenar, guardar de modo cuidadoso; depositar, oferecer hospedagem ou hospedar-se; abrigar(-se).

Os piolhos, por exemplo, se alojam especialmente na nuca e atrás das orelhas.

B

Brânquia

Órgão respiratório de alguns animais aquáticos.

É pelas brânquias que os peixes absorvem o oxigênio existente na água.

abertura da brânquia

C

Candeeiro

Utensílio destinado a iluminar. Em seu interior há uma mecha e um líquido combustível.

Os candeeiros estavam presentes em quase todas as casas antigamente.

Carapaça

Estrutura rígida que protege o corpo de vários animais, como insetos, aranhas e caranguejos.

Caule

É a parte da planta que sustenta as folhas, as flores e os frutos. Conduz água, nutrientes e sais minerais.

O caule de uma árvore é seu tronco.

Classificação

Método de agrupamento de eventos, objetos, seres vivos, etc., que obedece a critérios estabelecidos.

Um dos critérios usados para classificar alguns animais, como aves, por exemplo, é a presença de penas.

Cnidários

Animais muito simples que vivem principalmente no mar. Eles têm o corpo mole e produzem substâncias que podem ser tóxicas para o ser humano. Alguns exemplos de cnidários são os corais, as caravelas e as águas-vivas.

Combustível

Qualquer substância, material ou produto que pode queimar.

O carvão e o petróleo, duas das principais fontes de energia, são combustíveis fósseis. Eles foram formados pela decomposição de seres vivos que morreram há milhões de anos.

Constelação

Conjunto de estrelas.

O Cruzeiro do Sul é uma constelação visível nos céus de todo o Brasil.

Cosmonauta

O mesmo que *astronauta*: pessoa que viaja pelo espaço, a bordo de uma espaçonave.

O primeiro ser humano a sair do planeta a bordo de uma espaçonave e a dar uma volta em torno da Terra foi o cosmonauta Yuri Gagarin.

Artista soviético finalizando escultura de Yuri Gagarin, em 1962.

Critério

O que serve de base para escolher, comparar, organizar, classificar alguma coisa.

Para agrupar animais, foram usados vários critérios: presença ou ausência de asas, presença ou ausência de pernas, etc.

D

Decompositor

Ser vivo que transforma matéria morta, reduzindo-a a substâncias mais simples.

Graças aos decompositores, plantas e animais mortos são transformados em adubo natural.

Derivado

Substância ou produto que se origina de outro.

Gasolina, querosene, óleo *diesel* e plásticos são produtos derivados do petróleo.

Diarreia

Eliminação de fezes líquidas.

A diarreia pode levar à desidratação e, em casos mais graves, à morte do doente.

E

Efervescente

Que produz efervescência, que borbulha.

Diz-se de comprimidos que contêm substâncias que reagem com a água, liberando o gás que forma as borbulhas.

Exótico

Aquilo que não é nativo; estrangeiro.

A girafa e o rinoceronte, por exemplo, são espécies exóticas, pois não fazem parte da fauna brasileira, ou seja, do conjunto de animais próprios do Brasil. Esses animais foram trazidos de outros países e podem ser encontrados em zoológicos.

G

Grão

Semente de algumas plantas.

Arroz e feijão são exemplos de grãos que comemos.

I

Inalação

Ato ou efeito de inalar, ou seja, aspirar ou absorver pelas vias respiratórias ar, medicamentos ou até mesmo agentes que provocam doenças.

A inalação de medicamentos é um método muito utilizado para o tratamento de doenças relacionadas a dificuldades respiratórias, como a asma e a bronquite.

L

Legenda

Texto que acompanha e explica um mapa, uma fotografia, um desenho, um quadro, um gráfico.

A legenda pode chamar a atenção do leitor para um detalhe que não havia sido percebido em uma imagem.

Estrela-do-mar (entre 12 cm e 24 cm, de um braço a outro).

M

Mata Atlântica

Paisagem muito característica que, no passado, estendia-se do estado do Rio Grande do Norte ao estado do Rio Grande do Sul.

A mata Atlântica possui enorme variedade de vegetais e animais. Atualmente, está bastante devastada.

A mata Atlântica é uma floresta nativa do Brasil. Ela abriga algumas espécies vegetais que não se desenvolvem em nenhum outro lugar do mundo. Na foto a seguir, trecho preservado da mata Atlântica em Ilhabela, litoral do estado de São Paulo.

N

Náilon

Fibra sintética elástica e muito resistente à decomposição.

O náilon é usado na fabricação de bolsas, calçados e roupas.

Nativo

Aquele que é originário de determinado país ou região; que não é estrangeiro.

O manacá-da-serra é uma árvore nativa do Brasil encontrada na mata Atlântica.

P

Papilas gustativas

Estruturas salientes encontradas na língua e em parte responsáveis pela gustação.

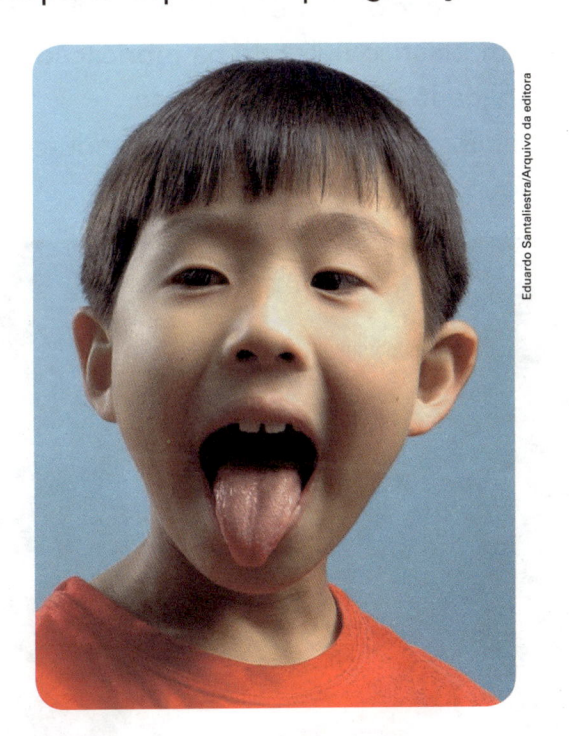

Parafina

Composto extraído do petróleo e muito utilizado na fabricação de velas e lubrificantes, entre outros produtos.

179

Procriação

Ato ou efeito de gerar, dar origem. O mesmo que *reprodução*.

Na época da procriação, as tartarugas marinhas (cerca de 1 metro de comprimento) procuram a areia das praias para depositar seus ovos.

PVC

Sigla de *policloreto de vinila* (polivinilcloreto), um plástico utilizado na fabricação de estofamentos, malas, canos, etc.

Em muitas residências, os canos condutores de água são feitos de PVC.

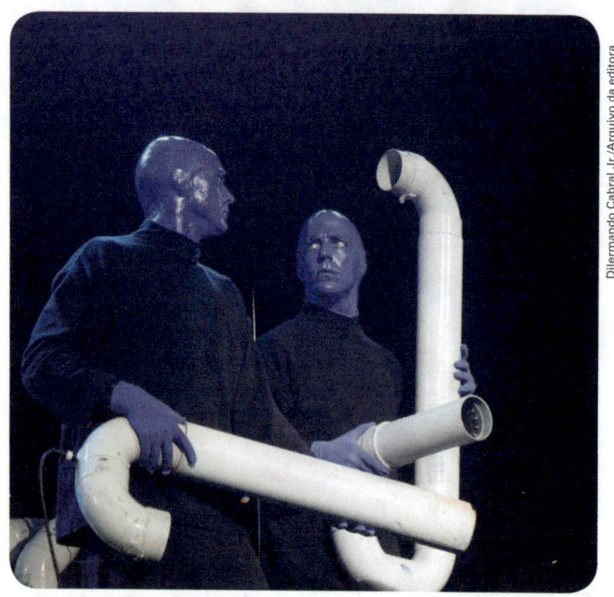

O grupo de atores-músicos Blue Man Group entre instrumentos de percussão gigantes feitos de PVC.

R

Reciclar

Tratar resíduos ou materiais usados de forma a possibilitar sua reutilização.

Reciclar é uma forma de ajudarmos a natureza. Quando um material é reutilizado e transformado em um novo produto, há economia dos recursos naturais do nosso planeta.

Resíduo

Aquilo que resta de qualquer substância, material ou produto após sua transformação; resto.

Muitas indústrias despejam seus resíduos nas águas de lagos, rios e mares, prejudicando a natureza.

S

Soro

Medicamento obtido a partir de parte do sangue de animais que tiveram contato com agentes nocivos e estranhos ao corpo, como toxinas ou bactérias causadoras de doenças.

O soro antiofídico obtido no Instituto Butantan é usado para combater o veneno de cobras.

T

Teflon

Material sintético extremamente resistente aos reagentes químicos, bastante utilizado no revestimento interno de panelas.

Atualmente, o *teflon* também é utilizado na confecção de roupas.

Fôrmas e panelas de *teflon*.

Tóxico

Aquilo que envenena.

Os resíduos tóxicos provenientes de processos industriais podem matar centenas de espécies de seres vivos aquáticos quando lançados em rios, lagos e mares.

V

Vagem

Fruto que abriga as sementes de algumas plantas.

As sementes de feijão e as de ervilha ficam protegidas dentro da vagem.

181

Vitamina

Substâncias presentes nos alimentos, essenciais para o bom funcionamento do organismo. A falta de vitaminas pode levar a doenças.

Ingerimos vitaminas ao consumir alimentos como frutas, verduras, legumes e grãos.

Voadeira

Barco com motor na parte traseira, que costuma ser muito veloz.

Há muitas voadeiras em Manaus, disponíveis para passeios nas águas do rio Negro.

Bibliografia

ACOT, P. **História da Ecologia**. Rio de Janeiro: Campus, 1990.

ALIBERT-KOURAGUINE, D.; GORDE, M. **As grandes invenções**: respostas a pequenas curiosidades. São Paulo: Scipione, 1997.

ALVES, M. R.; KARA, N. J. **O olho e a visão**: o que podemos fazer pela saúde ocular de nossas crianças. Petrópolis: Vozes, 1996.

AMABIS, J. M.; MARTHO, G. R. **Investigando o corpo humano**. São Paulo: Scipione, 2004.

BARRETO, E. S. S. (Org.). **Os currículos do Ensino Fundamental para as escolas brasileiras**. Campinas: Autores Associados, 1998.

BARROSO, C.; BRUSCHINI, C. **Sexo e juventude**: como discutir a sexualidade em casa e na escola. 7. ed. São Paulo: Cortez, 2000.

BENLLOCH, M. **Por un aprendizaje constructivista de las ciencias**. Madrid: Visor Distribuciones, 1984.

BERNA, V. **Como fazer educação ambiental**. São Paulo: Paulus, 2001. (Coleção Pedagogia e Educação).

BRANCO, S. M. **O meio ambiente em debate**. 3. ed. São Paulo: Moderna, 2004. (Coleção Polêmica).

BRASIL. Secretaria de Educação Fundamental. **Parâmetros Curriculares Nacionais**: Ciências Naturais (1º e 2º ciclos do Ensino Fundamental). Brasília: Ministério da Educação e do Desporto, 1996.

BRASIL. Secretaria de Educação Fundamental. **Parâmetros Curriculares Nacionais**: Ciências Naturais (3º e 4º ciclos do Ensino Fundamental). Brasília: Ministério da Educação e do Desporto, 1997.

CAMPOS, M. C. C.; NIGRO, R. G. **Didática de ciências**: o ensino-aprendizagem como investigação. São Paulo: FTD, 2004.

CARVALHO, A. M. P. et al. **Ciências no Ensino Fundamental**: o conhecimento físico. São Paulo: Scipione, 1998.

_____; GIL-PÉRES, D. **Formação de professores de Ciências**: tendências e inovações. 3. ed. São Paulo: Cortez, 2003. v. 26. (Coleção Questões da Nossa Época).

CAVALCANTI, C. (Org.). **Desenvolvimento e natureza**: estudos para uma sociedade sustentável. 3. ed. São Paulo: Cortez, 2001.

CAVALCANTI, Z. (Coord.). **Trabalhando com história e ciências na pré-escola**. Porto Alegre: Artmed, 1995.

Coleção As Origens do Saber da Natureza. São Paulo: Melhoramentos, 1994.

Coleção Aventura Visual. Rio de Janeiro: Globo, 1990.

Coleção Ciência Divertida. São Paulo: Melhoramentos, 1999.

Coleção Ciência e Natureza. Rio de Janeiro: Time Life-Abril Livros, 1995.

Coleção Enciclopédia da Vida Selvagem Larousse. Barcelona: Altaya, 1997.

Coleção Guia Prático de Ciências. Rio de Janeiro: Globo, 1994.

Coleção Jovem Cientista. Rio de Janeiro: Globo, 1996.

Coleção Mundo Incrível. Rio de Janeiro: Globo, 1998.

Coleção Projeto Ciência. São Paulo: Atual, 1994.

Coleção Tesouros da Terra — Minerais e pedras preciosas. Rio de Janeiro: Globo, 1996.

COLL, C.; TEBEROSKY, A. **Aprendendo Ciências**: conteúdos essenciais para o Ensino Fundamental de 1ª a 4ª série. São Paulo: Ática, 2002.

CORSON, W. H. **Manual global de Ecologia**. São Paulo: Augustus, 1996.

DELIZOICOV, D.; ANGOTTI, J. A. **Metodologia do ensino de Ciências**. São Paulo: Cortez, 1994.

DIAS, G. F. **Atividades interdisciplinares de educação ambiental**. São Paulo: Global, 1994.

GUIMARÃES, I. **Educação sexual na escola**: mito e realidade. Campinas: Mercado das Letras, 1995.

HERMAN, M. L. et al. **Orientando a criança para amar a Terra**. 2. ed. São Paulo: Augustus, 2002.

KOHL, M. A. F.; POTTER, J. **Descobrindo a Ciência pela arte**: propostas de experiências. Porto Alegre: Artmed, 2003.

KRASILCHIK, M. **Prática de ensino de Biologia**. 4. ed. São Paulo: Edusp, 2004.

LEPSCH, I. F. **Solos**: formação e conservação. São Paulo: Melhoramentos, 1993.

MASSARANI, L. (Org.). **O pequeno cientista amador**: a divulgação científica e o público infantil. Rio de Janeiro: Casa da Ciência/UFRJ/Museu da Vida/Fiocruz/Vieira & Lent, 2005.

NOVAK, J. D.; GOWIN, D. B. **Aprendiendo a aprender**. Barcelona: Martínez Roca, 1988.

PARKER, S. **Química simples**. São Paulo: Melhoramentos, 1995.

Parques Nacionais – Brasil – Guias Philips. São Paulo: Empresa das Artes, 1999.

PIQUÉ, M. P. R.; BRITO, J. F. **Atlas escolar de Botânica**. São Paulo: Ícone, 1996.

RONAN, C. A. **História ilustrada da ciência**. Rio de Janeiro: Jorge Zahar, 1987.

THE EARTHWORKS GROUPS. **50 coisas simples que você pode fazer para salvar a Terra**. Rio de Janeiro: José Olympio, 2002.

VYGOTSKY, L. S. **Pensamento e linguagem**. São Paulo: Martins Fontes, 1987.

WALDMAN, M.; SHNEIDER, D. **Guia ecológico doméstico**. São Paulo: Contexto, 2003.

WEISSMANN, H. (Org.). **Didática de Ciências Naturais – Contribuições e reflexões**. Porto Alegre: Artmed, 1998.

projeto
ápis

Rogério G. Nigro

CIÊNCIAS

3º ano

ATIVIDADES

Editora Ática

ESTE É O **ÁPIS ATIVIDADES**. COM ELE VOCÊ VAI PÔR EM PRÁTICA TUDO O QUE APRENDEU. PRONTO PARA COMEÇAR?

Sumário

UNIDADE 1 – Ambiente e seres vivos
Capítulo 1 Explorando um jardim 4
Capítulo 2 Agrupando animais 6
Capítulo 3 Os animais e a nossa saúde 8

UNIDADE 2 – Os alimentos e nós
Capítulo 4 O que comer? 10
Capítulo 5 Você na cozinha 12
Capítulo 6 Transformações e a química 14

UNIDADE 3 – O tempo passa
Capítulo 7 Dos lampiões às lâmpadas e sombras 16
Capítulo 8 Observar o céu é ver o tempo passar 18
Capítulo 9 A Lua 20

UNIDADE 4 – Invenções e transportes
Capítulo 10 Invenções: erguer uma carga 22
Capítulo 11 Invenções: meios de transporte 24
Capítulo 12 Invenções: a tecnologia por trás da bicicleta 26

Uma leitura – um resumo 28

Capítulo 1 – Explorando um jardim

Vamos fazer a ficha de descrição de um animal?

1 Primeiro, leia o seguinte texto:

> O menor sapo do mundo foi descoberto na mata Atlântica, floresta nativa brasileira situada perto do litoral. O sapo-pulga vive em folhas caídas no chão e se alimenta de pequenos animais invertebrados, como formigas, aranhas e besouros. Um sapo-pulga adulto atinge 1 centímetro de comprimento.

2 Agora, complete a ficha de descrição abaixo, que começou a ser feita para descrever esse ser vivo:

Ficha de descrição

Nome do animal: SAPO-PULGA
O corpo do animal tem:

	Sim	Não
Nadadeiras		
Pelos		
Penas		
Escamas ou placas		
Brânquias		
Asas		

Onde é encontrado na natureza:
_____
_____

O que come:
_____
_____

Outras observações:
_____
_____

3 Observe as imagens. Faça um texto e um esquema comparando estes animais:

Formiga (entre 0,2 cm e 2,5 cm).

Gafanhoto (até 6,5 cm).

_____

_____

_____

4 Depois de ler o texto sobre o baiacu-espinhoso, complete abaixo a ficha de descrição desse ser vivo.

O baiacu-espinhoso é um peixe dos mares tropicais. Seu corpo, de 25 centímetros de comprimento, em média, é recoberto por longos "espinhos". Quando se sente ameaçado, o baiacu-espinhoso engole água e aumenta seu tamanho, chegando a ficar três vezes mais largo. Seus espinhos, então, ficam de pé e "amedrontam" o inimigo. Alimenta-se de ouriços-do-mar, mexilhões e outros animais com concha.

Nome popular: baiacu-espinhoso.

Onde é encontrado na natureza: _____.

O que come: _____ , _____ e outros animais com concha.

Tamanho: _____ em média; quando ameaçado, se enche de água e pode ficar até _____.

Outras observações: seu corpo é recoberto de _____ que se eriçam quando está _____.

Capítulo 2 – Agrupando animais

O que é, o que é?
Que vive na água
E peixe não é?

1 Leia o texto abaixo e complete os espaços em branco, escolhendo entre as palavras PEIXES e MAMÍFEROS.

Veja só as fotos dos animais nesta página. Todos eles nadam muito bem!

Apesar disso eles não são considerados _____.

Repare bem nas fotos: veja que os filhotes estão sendo amamentados pela mãe. Por isso podemos dizer que esses animais são _____.

2 Leia o banco de palavras abaixo. Depois, indique o nome do animal representado em cada uma das fotos acima.

BALEIA   LEÃO-MARINHO   FOCA   PEIXE-BOI

A _____   C _____

B _____   D _____

6 ÁPIS ATIVIDADES

3 Observe os animais e o esquema abaixo.

Siri (7,5 cm; com as pernas, de 15 cm a 18 cm).

Lagosta (até 60 cm).

Caranguejo (cerca de 20 cm).

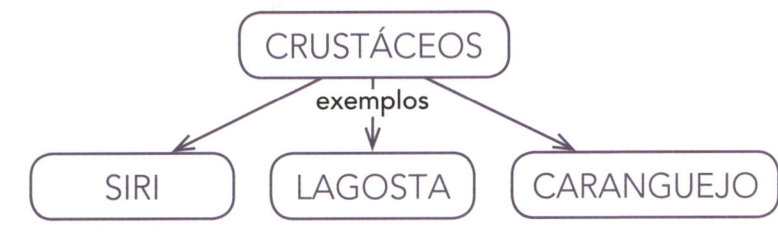

CRUSTÁCEOS
exemplos
SIRI — LAGOSTA — CARANGUEJO

4 Agora é a sua vez: Faça no caderno esquemas utilizando os animais a seguir.

Escorpião (de 6 cm a 7 cm).

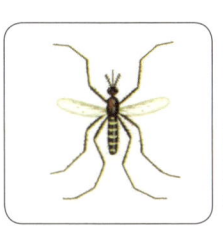

Pernilongo (cerca de 0,5 cm).

Abelha (cerca de 1,0 cm).

Gafanhoto (3 cm, em média).

Barata (até 5 cm).

Aranha (a maioria tem cerca de 1,5 cm; com as pernas, 3 cm).

Fontes: Adaptado de *Insetos*, Coleção Ver de perto a natureza; e de *Os animais*, Coleção Minha primeira enciclopédia.

ÁPIS ATIVIDADES **7**

Capítulo 3 – Os animais e a nossa saúde

1 Para completar a cruzadinha abaixo, foram utilizados nomes de alguns animais que podem ser prejudiciais à nossa saúde. Escreva comandos para a cruzadinha.

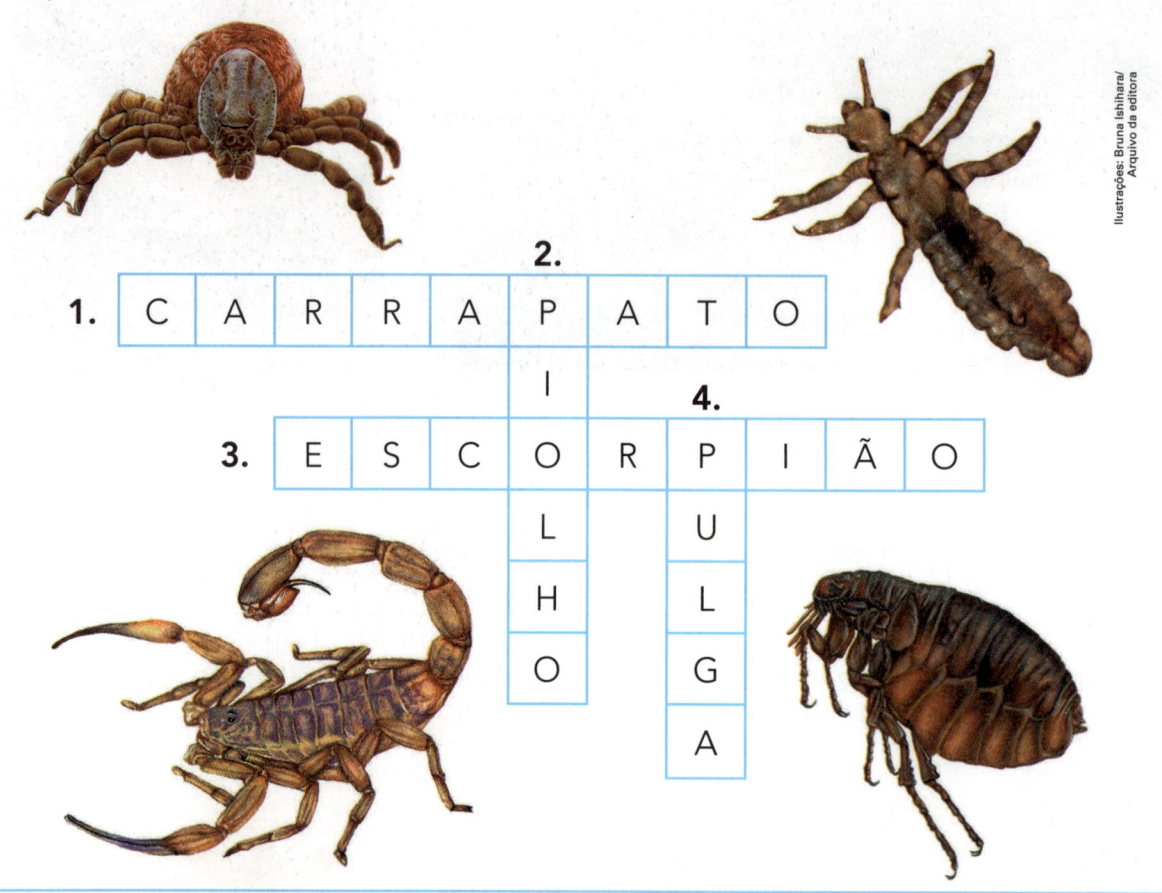

					2.			
1. C	A	R	R	A	P	A	T	O
					I		4.	
3. E	S	C	O	R	P	I	Ã	O
					L		U	
					H		L	
					O		G	
							A	

Ilustrações: Bruna Ishihara/Arquivo da editora

1. Animal com 8 pernas. Alimenta-se de sangue. Pode ser encontrado sobre a pele de animais.

2. _____

3. _____

4. _____

8 ÁPIS ATIVIDADES

Você conhece outros animais com os quais devemos tomar cuidado?

2 Leia o texto que fala sobre um deles:

Lagartas venenosas

Você já deve ter ouvido alguém dizer: "Não pegue essa lagarta, você pode se machucar". Mas será que isso é verdade?

Existem, sim, alguns tipos de lagarta que podem causar graves acidentes. As lagartas do gênero *Lonomia* são um bom exemplo.

Elas possuem cerdas ou espinhos que liberam veneno quando tocados. Esse veneno pode provocar sangramento nas gengivas e na pele, além de liberação de sangue pela urina.

No caso de um acidente com lagartas do gênero *Lonomia*, o acidentado deve ser encaminhado rapidamente para atendimento médico.

Para prevenir acidentes, observe sempre o tronco das árvores antes de tocá-los, pois é neles que as lagartas do gênero *Lonomia* são encontradas mais frequentemente. Além disso, quando for mexer com plantas, use sempre luvas e roupas de manga comprida.

Lagartas do gênero *Lonomia* (cerca de 7 cm de comprimento).

Adaptado de: *Prevenção de acidentes com animais peçonhentos*. São Paulo: Fundacentro/Instituto Butantan, 2001.

3 Depois de ler o texto, faça um cartaz que alerte as pessoas sobre a gravidade dos acidentes com as lagartas do gênero *Lonomia* e sobre como eles podem ser evitados.

UNIDADE 2 — Capítulo 4 – O que comer?

Que tal apreciar vegetais e arte ao mesmo tempo?

1 Observe a imagem ao lado.

a) Que vegetais você reconhece na imagem?

_____

_____

_____

_____

_____

Detalhe do quadro *Verão*, pintado por Giuseppe Arcimboldo em 1573.

b) Para organizar os vegetais de sua lista, classifique-os de acordo com a parte de cada um que é usada em nossa alimentação. Para isso, complete o quadro abaixo:

Frutos	Sementes	Folhas
Uva	_____	_____
Flores	**Raízes**	
Alcachofra	_____	_____

DESAFIO

Faça como Arcimboldo: em uma folha avulsa, crie um personagem usando as frutas e os legumes de que você mais gosta. Depois, cole o seu desenho no mural da classe.

2 Um aluno começou a fazer estas fichas de descrição dos vegetais que trouxe para fazer a salada. Termine a atividade que ele começou.

Nome do vegetal: pepino.

Onde você o conseguiu? Na horta do meu avô.

Como é esse vegetal? _____

_____

Nome do vegetal: _____

Onde você o conseguiu? _____

Como é esse vegetal? _____

_____

3 Observe as fotos abaixo e escreva qual é a parte que comemos destes vegetais.

_____   _____   _____

ÁPIS ATIVIDADES **11**

Capítulo 5 – Você na cozinha

Neste capítulo, conhecemos algumas substâncias químicas que fazem parte dos produtos de nosso dia a dia.

1 Escolha dois produtos na caixa abaixo:

PRODUTOS
- ÁGUA MINERAL
- SAL DE COZINHA
- CREME DENTAL
- REFRIGERANTE
- SAL DE FRUTAS

2 Desenhe embalagens para esses produtos. Nos rótulos das embalagens, indique pelo menos uma das substâncias químicas que fazem parte do produto. Utilize os termos do banco de palavras para ajudá-lo:

GÁS CARBÔNICO   BICARBONATO DE SÓDIO   CLORETO DE SÓDIO

12 ÁPIS ATIVIDADES

3 As fotos abaixo foram obtidas em dias diferentes e etiquetadas fora de ordem.

A **B**

C **D**

Laranja em processo de apodrecimento com mofo em sua superfície.

4 Agora:

a) Ponha as fotos na ordem da mais antiga para a mais recente usando as letras como referência.

_____

b) Explique o que está acontecendo com a laranja. Em sua resposta, utilize uma ou mais palavras do banco de palavras.

> DECOMPOSIÇÃO   BACTÉRIAS   FUNGOS   APODRECIMENTO

_____
_____
_____

ÁPIS ATIVIDADES **13**

Capítulo 6 – Transformações e a química

1 Leia o texto abaixo e descubra o que acontece com o açúcar quando ele vira caramelo.

O calor que faz o caramelo

Quando vai ao fogo, o açúcar se transforma em caramelo. Isso você já sabe! Mas agora vamos entender todo o processo em mais detalhes.

Para isso, teremos de pensar como um químico.

Primeiro, o açúcar que estamos acostumados a usar, a partir de agora, não se chama mais açúcar. Seu nome será sacarose.

Ao ser aquecida à temperatura de 179 °C, a sacarose sofre uma série de reações químicas. Ela se quebra em duas partes diferentes: uma chamada glicose e outra chamada frutose. Com o aquecimento, a água é evaporada e várias glicoses e frutoses se juntam.

Daí surge algo diferente, com a aparência de vidro.

Baseado em: O calor que faz o caramelo. *Ciência Hoje das Crianças*, ano 14, n. 117, set. 2001, p. 11.

2 Com base na leitura do texto, responda:

a) No texto foi citado outro nome para o açúcar que estamos acostumados a usar. Que nome foi esse? _____

b) Para formar o caramelo, o açúcar precisa ser aquecido a que temperatura?

☐ abaixo de 100 °C   ☐ a 100 °C   ☐ acima de 100 °C

3 Depois do que você estudou sobre o apodrecimento dos alimentos, responda:

a) O que acontece com os alimentos quando eles apodrecem?

b) O que demora mais para estragar: uma fatia de pão torrado ou uma fatia de pão não torrada? Justifique a sua resposta.

4 As imagens mostram quatro transformações. Nas legendas, explique cada uma delas e diga quais dessas transformações são reversíveis e quais são irreversíveis. Procure usar os termos do banco de palavras.

| ENFERRUJAMENTO | REVERSÍVEL | IRREVERSÍVEL |
| QUEIMA | APODRECIMENTO | DERRETIMENTO |

ÁPIS ATIVIDADES **15**

UNIDADE 3 — Capítulo 7 – Dos lampiões às lâmpadas e sombras

Agora que você já sabe como se formam as sombras, vamos brincar de teatrinho de sombras?

1 Veja como proceder:

- Forme um grupo com alguns colegas. Conversem sobre a história que vocês querem contar e sobre como devem representar. Sugestão: escrevam a história inteira antes de encenar.

- Em folhas de cartolina, desenhem figuras para as personagens e para o cenário. Depois de recortar as figuras, colem em varetas para que seja mais fácil manipular.

- Ajudem o professor a prender um lençol no batente da porta. Ele servirá de tela para o teatrinho. Os espectadores ficarão na frente dessa tela.

- Com um abajur ou uma lanterna, iluminem a parte de trás da tela. Posicionem-se entre a fonte de luz e a parte de trás da tela e manipulem as personagens da história em seu teatrinho.

Boa diversão!

No teatro de sombras, os movimentos das personagens são, em geral, lentos e delicados.

Ilustrações: HOZart/Arquivo da editora

16 ÁPIS ATIVIDADES

2 Na atividade de iluminar o "guarda-sol" com a lanterna, uma criança desenhou no papel as sombras que observou. Veja ao lado como ficou o desenho dela.

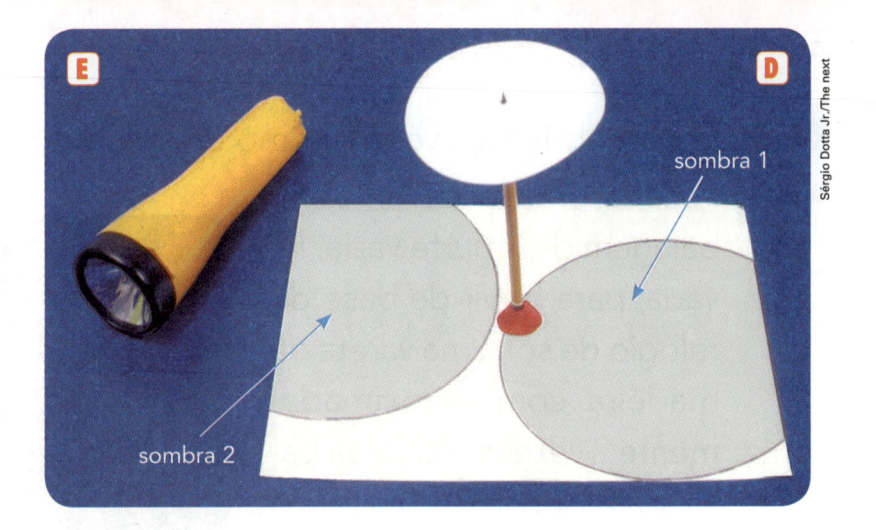

Agora, responda:

a) Quando foi produzida a sombra 1?

_____

b) Quando foi produzida a sombra 2?

_____

3 Observe abaixo a sombra do poste nesses três horários do dia: qual das três ilustrações está correta? Justifique a sua resposta.

8h   12h   16h

_____

_____

ÁPIS ATIVIDADES **17**

Capítulo 8 – Observar o céu é ver o tempo passar

Em que parte do céu está o Sol? Que horas são?

1. Para descobrir, faça você mesmo um relógio de sol.

    - Você vai precisar de: uma embalagem de iogurte vazia, lavada, para servir de base do relógio de sol; uma vareta de madeira com aproximadamente 2 vezes a altura da base para servir de haste do relógio; giz ou caneta hidrográfica para fazer o marcador das horas; uma folha branca de papel sulfite.

    - Ponha a embalagem de iogurte de cabeça para baixo. Com a ajuda de um adulto, faça um orifício na base da embalagem. Passe a vareta pelo orifício até que toque a folha.

    - Deixe a embalagem ao sol. De hora em hora marque a posição da sombra projetada.

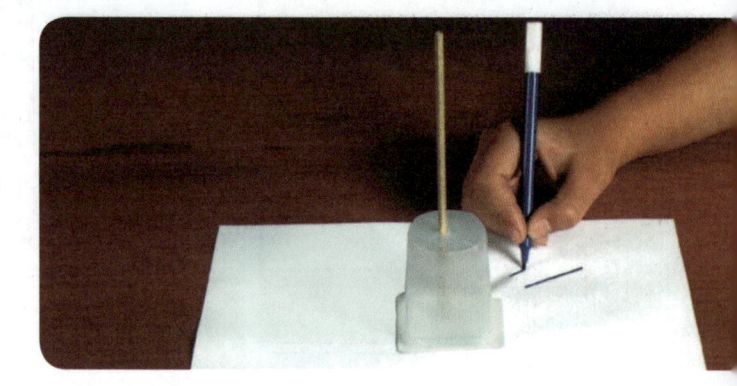

2. Agora é só usar o seu relógio. Será que ele funciona durante as 24 horas do dia? _____

3 Márcio observou o céu noturno em diferentes horários e fez dois desenhos. Analise os desenhos de Márcio e responda: será que ele representou as estrelas de maneira correta?

_____

_____

4 Explique:
- O que é um relógio de sol?
- Como ele funciona?

Em seu texto, use os termos **sombra** e **fonte de luz**.

_____

_____

_____

_____

_____

Relógio de sol pintado em 1776 em uma igreja da Inglaterra.

Capítulo 9 – A Lua

No calendário abaixo, estão indicados os dias em que a Lua muda de fase: cheia, quarto minguante, nova e quarto crescente.

1 Analise o calendário. Será que você consegue detectar um erro? Qual?

	dezembro					1
2	3	4	5	6	7	8
9	10	11	12	13	14	15
16	17	18	19	20	21	22
23	24	25	26	27	28	29
30	31					

novembro

dom	seg	ter	qua	qui	sex	sáb
44				1 QUARTO MINGUANTE	2	3
45 4	5	6	7	8	9	10
46 11	12	13	14 NOVA	15	16	17
47 18	19 QUARTO CRESCENTE	20	21	22	23	24
48 25	26	27	28 CHEIA	29	30	1

Foto: Fabio Colombini/Acervo do fotógrafo

_____

_____

2 No calendário, corrija os dias em que a Lua muda de fase. Baseie-se no dia em que se inicia a fase minguante: esse dia está correto!

3 A letra da música abaixo fala da Lua e de como a vemos aqui da Terra.

A Lua

A Lua
Quando ela roda é nova
Crescente ou meia-lua
É cheia
E quando ela roda minguante e meia
Depois é lua novamente

Quando ela roda é nova
Crescente ou meia-lua
É cheia
E quando ela roda minguante e meia
Depois é lua nova
Mente quem diz que a Lua é velha
Mente quem diz
Que a Lua é velha
Mente quem diz

Pergunte a seus pais e a outras pessoas como se canta essa canção. Depois, cante-a junto com alguns colegas.

Fonte: Renato Rocha. CD *MPB-4: 20 músicas do século XX*. Universal, 1999.

4 Agora, sublinhe os nomes das fases da Lua citadas.

UNIDADE 4

Capítulo 10 – Invenções: erguer uma carga

Você precisa fazer muita força para movimentar caixas cheias de brinquedo?

1 Observe estas imagens de caixas em movimento e descubra o que há de errado em cada uma delas.

22 ÁPIS ATIVIDADES

2 Observe a invenção que estas crianças fizeram.

No caderno, explique: para que serve esse invento? Como é que ele funciona?

3 No caderno, faça um desenho dessa invenção. Em seu desenho, indique com setas: o sentido da força que as crianças fazem para erguer a carga; o sentido da força que indica que a carga tende a cair.

Capítulo 11 – Invenções: meios de transporte

Você conhece diferentes meios de transporte?

1 Observe a ficha de pesquisa que um aluno preencheu depois de ter feito uma pesquisa sobre um meio de transporte.

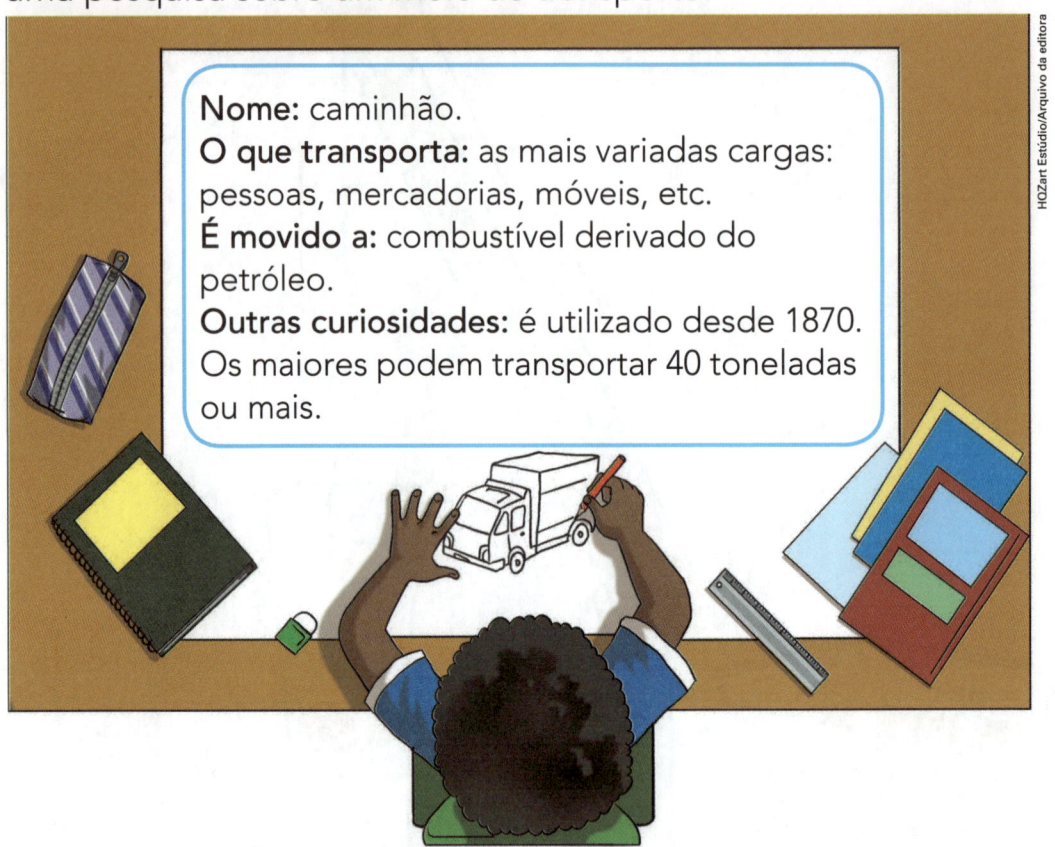

Nome: caminhão.
O que transporta: as mais variadas cargas: pessoas, mercadorias, móveis, etc.
É movido a: combustível derivado do petróleo.
Outras curiosidades: é utilizado desde 1870. Os maiores podem transportar 40 toneladas ou mais.

2 Agora é a sua vez! Escolha dois outros meios de transporte e preencha fichas de pesquisa semelhantes à mostrada acima.

Nome: _____
O que transporta: _____
_____
É movido a: _____
_____
Outras curiosidades: _____
_____

Nome: _____
O que transporta: _____
_____
É movido a: _____
_____
Outras curiosidades: _____
_____

3 Classifique em antigos e modernos os meios de transporte abaixo.

Capítulo 12 – Invenções: a tecnologia por trás da bicicleta

Marcelo e sua mãe foram a uma loja onde se vendem bicicletas.

1 Leia o texto abaixo e descubra o que aconteceu.

— Vamos ver a bicicleta? — perguntou a mãe. — Podemos escolher entre essas que custam mais ou menos o mesmo preço.
— Bem, eu gostei da bicicleta de quadro verde — afirmou Marcelo.
— O que você acha daquela com rodas menores?
— Não sei... Parece que o guidão é meio desconfortável.
Nesse momento, o vendedor se aproximou:
— E então, já escolheram a bicicleta do garotão?
— Ainda não, estamos olhando essas daqui. Qual o senhor acha melhor? — quis saber a mãe de Marcelo.
— A melhor, na minha opinião, é esta: os freios são muito bons, o pedal é bem confortável e a corrente não fica encostando na perna.
— Viu só, mãe? E, além de tudo isso que ele falou, a bicicleta também é verde.
— Bem, então não há dúvida: é essa mesma que nós vamos levar!

2 Agora, responda:

a) Que partes de uma bicicleta foram citadas no texto?

_____

b) Que partes de uma bicicleta você conheceu ao estudar este capítulo?

_____

3 Leia o texto abaixo e conheça algumas recomendações importantes para quem anda de bicicleta.

Se você costuma andar de bicicleta:

- ✓ verifique frequentemente o estado dos freios e dos pneus;
- ✓ coloque um espelhinho retrovisor em sua bicicleta;
- ✓ use capacete apropriado;
- ✓ indique com um braço quando for mudar de direção;
- ✓ se for pedalar à noite, vista roupas claras e instale refletores;
- ✓ mantenha-se sempre à direita;
- ✓ não use cachecol nem roupas largas, pois podem ficar presos nas rodas;
- ✓ não ande em bicicleta muito pequena ou muito grande para o seu tamanho;
- ✓ se for passear de bicicleta em companhia de amigos, nunca andem lado a lado: prefiram andar um atrás do outro;
- ✓ nunca circule em grandes rodovias;
- ✓ não ouça música enquanto pedala, pois isso o impedirá de escutar os barulhos da rua.

Adaptado de: Sylvie Girardet. *A prudência em pequenos passos*. São Paulo: Ibep Nacional, 2006.

Uma leitura - Um resumo

Unidade 1 – Ambiente e seres vivos

Leia o texto e conheça alguns grandes invertebrados. Depois, em uma folha avulsa, escreva um texto contando coisas interessantes sobre alguns seres vivos que você estudou.

> Em sua resposta, procure resumir as coisas mais importantes que você acha que aprendeu na Unidade 1 deste livro.

Gigantes invertebrados

Você já imaginou encontrar uma aranha do tamanho de um prato? Esse é o tamanho da grande aranha comedora de pássaros: as pernas dela têm cerca de 20 centímetros! Ela vive em três países vizinhos do Brasil: Suriname, Guiana Francesa e Guiana.

Alguns insetos também podem crescer bastante. É o caso do besouro-golias, que vive na África. Ele pode pesar até 100 gramas e medir até 11 centímetros.

Mas esses dois grandes invertebrados são pequenos quando comparados à lula-gigante. Esse imenso animal é o maior invertebrado existente. As lulas-gigantes podem medir até 18 metros de comprimento, tamanho que corresponde a aproximadamente dez homens adultos enfileirados!

Lula-gigante.

Besouro-golias.

Aranha comedora de pássaros.

28 ÁPIS ATIVIDADES

Unidade 2 – Os alimentos e nós

Leia o texto. Depois, em uma folha avulsa, responda: o que você entende de cozinha? Em sua resposta, dê exemplos de como pode ser uma boa refeição e de algumas transformações químicas que ocorrem na cozinha.

Em sua resposta, procure resumir as coisas mais importantes que você acha que aprendeu na Unidade 2 deste livro.

Queijo mofado e gostoso

Você sabia que existem alimentos mofados que podem ser comidos? Um exemplo é o queijo gorgonzola, feito com leite de vaca e produzido originalmente na cidade italiana de Gorgonzola. Esse é um tipo de queijo que só está pronto depois que mofou.

Em sua fabricação, devem ser adicionados fungos *Penicillium roqueforti* ou *Penicillium glaucum* ao leite de vaca. Esses tipos de fungo alimentam-se da gordura do leite, liberam substâncias que não são nocivas ao ser humano e dão o sabor característico desse queijo.

Mas esteja atento: mesmo queijos como o gorgonzola, mofados e próprios para o consumo, têm prazo de validade e devem ser guardados em condições adequadas. Senão eles podem sofrer a ação de outros tipos de fungos ou de bactérias e deixar de ser comestíveis. Por isso, repare bem se não há nada de estranho na aparência dos alimentos, mesmo desses queijinhos mofados e comestíveis.

Adaptado de: J. C. M. Neto. Por que os alimentos estragam. *Ciência Hoje das Crianças*, n. 195, p. 12, 2008.

Unidade 3 – O tempo passa

■ Leia o texto. Depois, em uma folha avulsa, responda: como uma sombra muda de posição?

> Em sua resposta, procure resumir as coisas mais importantes que você acha que aprendeu na Unidade 3 deste livro.

Peter Pan

— Sininho, saia daí e me diga: você descobriu onde eles puseram minha sombra?

Sininho disse que a sombra estava na caixa grande, ou seja, na cômoda. Peter correu para as gavetas e com as duas mãos jogou no chão tudo o que continham. Parecia um rei jogando moedas para a multidão. Num instante recuperou a sombra e, em sua alegria, nem reparou que acabou fechando a gaveta com Sininho lá dentro.

Não acredito que esse menino pensasse, mas, se pensou em alguma coisa, foi que ele e sua sombra haveriam de se unir como gotas de água quando se aproximam. No entanto, não foi o que aconteceu, e Peter ficou apavorado. Tentou colar a sombra com sabonete, mas não conseguiu. Tremendo dos pés à cabeça, sentou-se no chão e desatou a chorar.

Seus soluços acordaram Wendy.

— Por que você está chorando? — perguntou a menina, correndo para ele.

— Estava chorando porque não consigo colar a minha sombra em mim — replicou indignado. — Além do mais eu não estava chorando.

— Ela descolou? Que horror!

Wendy logo descobriu o que devia fazer:

— Precisa costurar — informou com um certo ar de superioridade.

> Que tal usar esse texto como modelo e criar uma nova história sobre sombras?

> Converse com seus colegas e explique por que a sombra de Peter Pan não poderia ter se separado do garoto.

Adaptado de: J. M. Barrie. *Peter Pan e Wendy*. São Paulo: Companhia das Letrinhas, 2005.

Unidade 4 – Invenções e transportes

▪ Leia abaixo o texto sobre invenções. Depois, em uma folha avulsa, responda: como movimentar cargas pesadas?

> Em sua resposta, procure resumir as coisas mais importantes que você acha que aprendeu na Unidade 4 deste livro.

Pense em quantas coisas ao seu redor foram inventadas.

Quando você acorda lá está o relógio que o desperta, o interruptor que você aperta, a lâmpada que se acende, a roupa que você veste.

Depois de despertar você vai direto ao banheiro, onde encontra mais um mundo de invenções: a escova e a pasta de dentes, a torneira por onde sai a água, o sabonete, o vaso sanitário em que você faz xixi.

E no café da manhã: a panela onde está o leite, o fogão, os pratos que você usa, até mesmo o pão que você come!

Assim é o seu dia inteiro: você utiliza uma invenção atrás da outra.

Uma invenção é uma criação do ser humano. É algo novo, que não existia antes. Os inventores parecem ser motivados por aquilo que percebem como uma necessidade. Como movimentar recipientes com cargas pesadas fazendo menos esforço? Esse é um exemplo de necessidade que desafia as criativas mentes humanas...

ÁPIS ATIVIDADES **31**

projeto ápis

Rogério G. Nigro

CIÊNCIAS
e Linguagem

3º ano

Divirta-se com tirinhas e histórias em quadrinhos que falam de Ciências.

editora ática

Preparado para mais este desafio?

Você costuma ler tirinhas e histórias em quadrinhos? Neste complemento você encontrará várias delas abordando assuntos relacionados ao que você estudou em Ciências durante este ano. Dessa maneira, ao mesmo tempo que você se diverte, também poderá rever aquilo que aprendeu.

No final, você será convidado a trabalhar com seus colegas de sala para fazer um gibi. Será um gibi que tratará de temas que vocês estudaram neste ano.

ÁPIS – CIÊNCIAS E LINGUAGEM

Você já reparou em algumas das características que as tirinhas e as histórias em quadrinhos apresentam?

1. Observe nesta página alguns elementos das tirinhas indicados pelas setas. Ao fazer as suas próprias histórias, procure verificar se elas apresentam esses elementos.

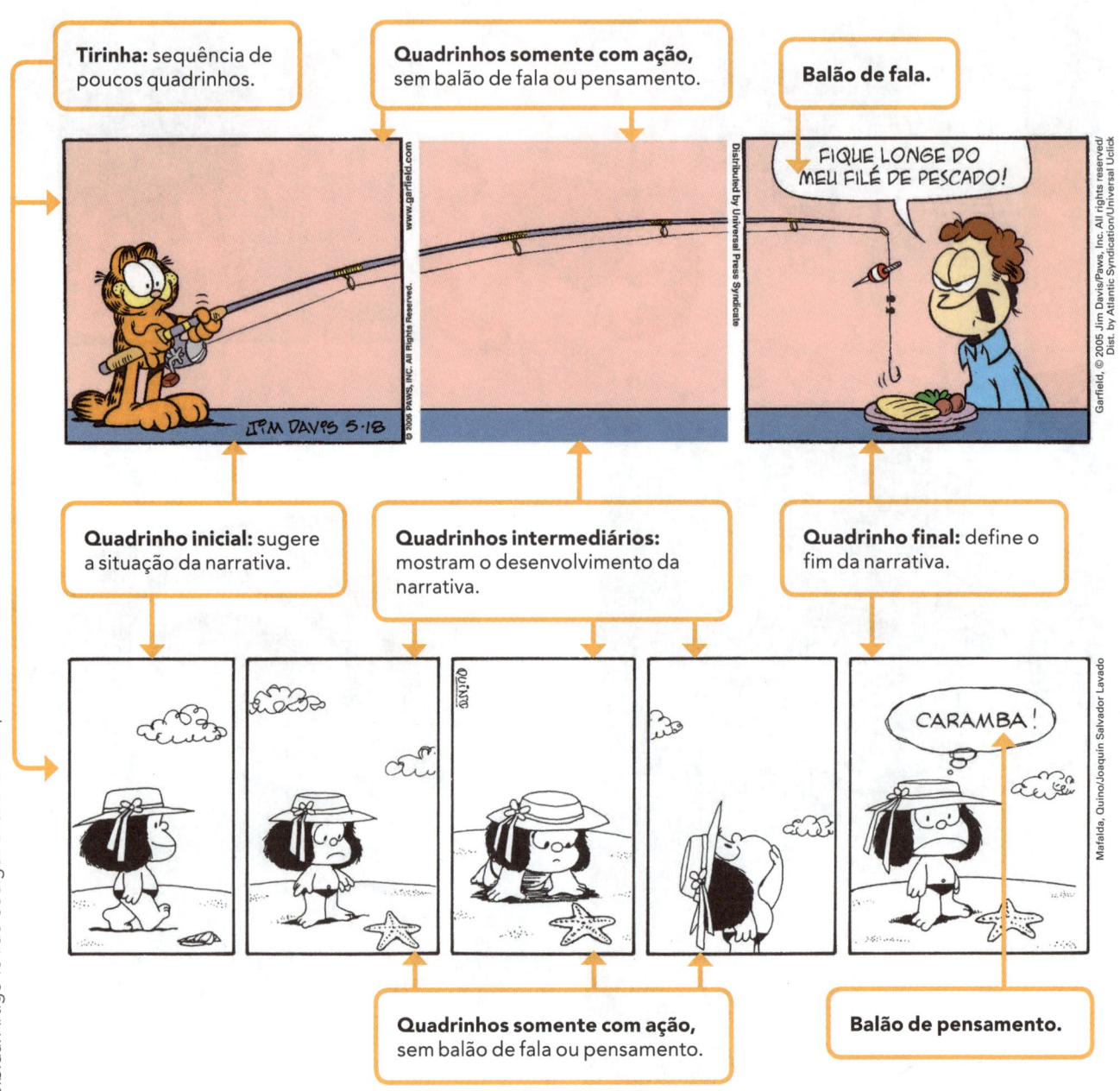

Tirinha: sequência de poucos quadrinhos.

Quadrinhos somente com ação, sem balão de fala ou pensamento.

Balão de fala.

Quadrinho inicial: sugere a situação da narrativa.

Quadrinhos intermediários: mostram o desenvolvimento da narrativa.

Quadrinho final: define o fim da narrativa.

Quadrinhos somente com ação, sem balão de fala ou pensamento.

Balão de pensamento.

2. Observe na página seguinte alguns elementos das histórias em quadrinhos. Lembre-se deles quando for produzir as suas.

História em quadrinhos: sequência com mais quadrinhos do que a tirinha.

Balão de onomatopeia: indica o som relacionado ao que ocorreu. "Nhoc" sugere que Magali comeu o picolé de Cebolinha.

Balão de fala.

Quadrinhos intermediários: mostram o desenvolvimento da história.

Quadrinhos iniciais: sugerem a situação da história.

Quadrinho somente com ação, sem balão de fala ou pensamento.

Quadrinho final: define o fim da história.

ÁPIS – CIÊNCIAS E LINGUAGEM **5**

3 Leia a história em quadrinhos abaixo.

4 Agora analise os quadrinhos da página anterior e reveja o que você estudou neste ano.

a) Pense em um título para essa história em quadrinhos.
_____

b) Mônica procurou Cebolinha por todos os lados: para cá e para lá. Como o ilustrador representou isso?
_____
_____
_____
_____

c) Escreva um pequeno texto de três parágrafos para contar essa história e inclua o título que você imaginou:
- no primeiro parágrafo conte o que acontece nos dois primeiros quadrinhos;
- no segundo parágrafo conte o que acontece no terceiro, no quarto e no quinto quadrinho;
- no terceiro parágrafo conte o que acontece no último quadrinho.

_____
_____
_____
_____
_____
_____
_____
_____

d) Agora faça um desenho do primeiro quadrinho e nele escreva um balão de fala. Em seguida faça um desenho do segundo quadrinho e nele escreva um balão de pensamento.

e) Faça uma lista dos animais que aparecem na história em quadrinhos da página 6. Depois, classifique esses animais e indique a que grupo de vertebrados pertencem.

_____
_____
_____
_____

f) Dê uma sugestão ao ilustrador: para representar maior diversidade de animais, quais poderiam ser incluídos nos quadrinhos?

_____
_____
_____
_____

g) Que tal criar uma história em quadrinhos que se passa em um zoológico? Converse com os colegas: como será o zoológico que você vai desenhar? Nele os animais estariam em jaulas?

5 Leia a história em quadrinhos abaixo.

6 Agora analise a história em quadrinhos da página anterior e reveja o que você estudou neste ano.

a) Dê um título para essa história em quadrinhos.
_____

b) Por que será que o ilustrador representou os balões iniciais com a palavra "CAIM"?
_____
_____
_____

c) Escreva um pequeno texto de três parágrafos para contar essa história e inclua o título que você imaginou:
- no primeiro parágrafo conte o que acontece nos quatro primeiros quadrinhos;
- no segundo parágrafo conte o que acontece no quinto e no sexto quadrinhos;
- no terceiro parágrafo conte o que acontece no último quadrinho.

_____
_____
_____
_____
_____
_____
_____
_____
_____

ÁPIS – CIÊNCIAS E LINGUAGEM

d) Pense no que Cascão poderia falar em cada quadrinho. Em seguida, escreva balões para essas falas do Cascão.

primeiro quadrinho	segundo quadrinho	terceiro quadrinho

quarto quadrinho	quinto quadrinho	sexto quadrinho	sétimo quadrinho

e) Considerando o que você estudou em Ciências neste ano, crie, em uma folha de papel, uma história em quadrinhos para explicar ao Cascão:

- quais pequenos animais podem prejudicar a saúde de animais domésticos como os cães;
- quais outros cuidados podemos ter com os animais de estimação, além de banhá-los com frequência.

f) Converse com os colegas:
- O que você acha da atitude de Cascão de abrigar todos os cachorros?
- Quais seriam os aspectos positivos dessa atitude?
- Quais seriam os aspectos negativos dessa atitude?

7 Leia a história em quadrinhos abaixo.

TURMA DA MÔNICA

TU-TU-TU-TU-TU-TU-TU...

PORCARIA! TODA VEZ QUE QUERO FALAR COM A MAGALI É ISSO!

O TELEFONE SÓ DÁ OCUPADO!

VUP

MASSA MASSA MASSA

TCHOF

TU TU TU

PLEC PLEC PLEC

AH! QUINZINHO! QUINZINHO! CHEGUEI!!

VIM CORRENDO ASSIM QUE SENTI O CHEIRO DO SEU BOLO!!

MAS, POR SORTE, ENTRE NÓS HÁ OUTRAS MANEIRAS DE COMUNICAÇÃO!

FIM

8 Agora analise os quadrinhos da página anterior e reveja o que você estudou neste ano.

a) Pense em um título para essa história em quadrinhos.
_____

b) Você reparou que, do terceiro ao sexto quadrinho, Quinzinho foi representado com a língua de fora? Explique o que você acha que o ilustrador quer representar com isso.
_____
_____
_____

c) Escreva um pequeno texto de três parágrafos para contar essa história e inclua o título que você imaginou:
- no primeiro parágrafo conte o que acontece nos dois primeiros quadrinhos;
- no segundo parágrafo conte o que acontece do terceiro ao oitavo quadrinho;
- no terceiro parágrafo conte o que acontece nos dois últimos quadrinhos.

d) Faça um desenho do terceiro e do oitavo quadrinho. Depois, em cada um desses desenhos, coloque um balão de pensamento.

e) Identifique os ingredientes usados por Quinzinho para fazer o bolo: Quais deles são de origem animal? Quais são de origem vegetal?

_____
_____
_____
_____

f) Converse com seus colegas:
- Você sabe fazer bolo como o Quinzinho?
- O que você faz na cozinha?
- O que você gostaria de saber fazer?

ÁPIS – CIÊNCIAS E LINGUAGEM

9 Leia a história em quadrinhos abaixo.

HORÁCIO

— HÁ NOITES QUE CUSTAM TANTO A PASSAR, HORÁCIO!

— PRINCIPALMENTE QUANDO ESTOU NO MINGUANTE!

— DAÍ, ENTRO NUMA FOSSA TÃO GRANDE QUE SÓ QUERO SUMIR!

— VOCÊS ME CHAMAM DE LUA NOVA, NESSE PERÍODO!

— DAÍ, QUANDO ME DÁ UM CERTO ÂNIMO, COMEÇO A BRILHAR AOS POUQUINHOS!

— É QUANDO VOCÊS ME CHAMAM DE QUARTO CRESCENTE!

— MAS O QUE EU GOSTO MESMO É DE EXPLODIR DE LUZ NA LUA CHEIA!

— DIGA-ME, HORÁCIO! VOCÊ ME ACHA MUITO INSTÁVEL?

— NÃO MAIS DO QUE NÓS!

FIM

10 Agora analise a história em quadrinhos da página anterior e reveja o que você estudou neste ano.

a) Pense em um título para essa história em quadrinhos.
_____

b) Logo no primeiro quadrinho, repare que Horácio está no alto de uma montanha. Por que será que o ilustrador teve a ideia de desenhar o Horácio em um lugar tão alto?
_____
_____
_____
_____

c) Escreva um pequeno texto de três parágrafos para contar essa história e inclua o título que você imaginou:
- no primeiro parágrafo conte o que acontece nos dois primeiros quadrinhos;
- no segundo parágrafo conte o que acontece do terceiro ao sétimo quadrinho;
- no terceiro parágrafo conte o que acontece nos dois últimos quadrinhos.

_____
_____
_____
_____
_____
_____
_____
_____

d) Identifique na história em quadrinhos as fases da Lua que são citadas. Depois, faça um desenho do aspecto da Lua no céu em cada uma das fases descritas nos quadrinhos.

Lua _____

Lua _____

Lua _____

Lua _____

e) Faça uma história em quadrinhos, em uma folha de papel, explorando um dos seguintes temas:
- a posição do Sol no céu em diferentes horários do dia;
- a posição do Cruzeiro do Sul no céu noturno em diferentes horários.

f) Converse com os colegas:
- O que será que Horácio quis dizer no quadrinho final com a frase: "Não mais do que nós!"?

11 Veja estas duas tirinhas.

12 Agora analise as tirinhas da página anterior e reveja o que você estudou neste ano.

a) Pense em um título para cada uma das tirinhas.
_____
_____

b) Você reparou que cada uma das tirinhas da página 19 tem quatro quadrinhos? E que cada quadrinho desempenha uma função diferente na história? Troque ideias com os colegas.
- Em cada uma dessas tirinhas o primeiro quadrinho já dá uma ideia da situação retratada na história em quadrinhos?
- O que acontece no terceiro quadrinho de cada uma dessas tirinhas?
- Qual o papel do último quadrinho em cada uma dessas tirinhas?

c) Escreva dois pequenos textos e inclua os títulos que você imaginou.
- **Primeiro texto**: conte o que acontece na primeira tirinha.

_____
_____
_____
_____
_____
_____
_____
_____
_____
_____

- **Segundo texto**: conte o que acontece na segunda tirinha.

_____
_____
_____
_____
_____
_____
_____
_____
_____
_____
_____
_____
_____

d) Refaça o segundo quadrinho da segunda tirinha com um desenho de Calvin usando os equipamentos de segurança e proteção recomendados para quem vai andar de bicicleta.

e) Faça uma tirinha sobre o teatro de sombras.

f) Para formar as sombras, qual era o corpo opaco que estava sendo usado pelo personagem da primeira tirinha? E, provavelmente, qual era a fonte de luz que estava utilizando?

_____
_____
_____
_____

g) Converse com os colegas:
- As bicicletas poderiam funcionar se não tivessem corrente?
- Você já teve medo de sombras? Por que será que algumas pessoas podem se assustar com sombras?

Chegou a hora de finalizar este trabalho, o momento de fazer um gibi com a turma.

- Escolha: você prefere produzir uma tirinha ou uma história em quadrinhos?

- Defina o tema de sua produção. O assunto deve ter sido estudado nas aulas de Ciências deste ano. Sua tirinha ou história em quadrinhos fará parte do gibi que você e seus colegas estão criando.

- Escreva uma primeira versão; considere-a o seu rascunho.

- Releia sua produção e invente um título.

- Reveja os desenhos e os textos. Depois, modifique o que julgar necessário.

- Peça a um colega que leia a sua tirinha ou história em quadrinhos; ele fará críticas e também a revisão do que você criou.

- Passe a limpo a sua produção, procurando atender aos comentários do seu leitor crítico.

- Reúna-se com os colegas que também optaram pela produção que você fez – tirinha ou história em quadrinhos – para organizar a sequência em que todas aparecerão.

- Junto com seus colegas e com a ajuda do professor, monte um gibi com as histórias que todos da classe estão produzindo.

DIA DA ESCOLA ABERTA